Dr. Jaerock Lee

Bděte a modlete se!

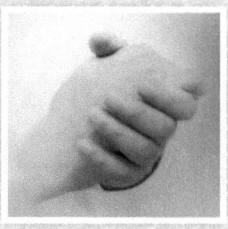

*Potom [Ježíš] přišel k učedníkům a zastihl je v spánku.
Řekl Petrovi: ,,To jste nemohli jedinou hodinu bdít se mnou?
Bděte a modlete se, abyste neupadli do pokušení.
Váš duch je odhodlán, ale tělo slabé."*
(Matouš 26:40-41).

Bděte a modlete se!: Dr. Jaerock Lee
Vydavatelství Urim Books (Zástupce: Seongnam Vin)
73, Yeouidaebang-ro 22-gil, Dongjak-gu, Seoul Korea
www.urimbooks.com

Tato kniha ani žádná její část se bez předchozího písemného povolení vydavatele nesmí žádným způsobem množit, ukládat do vyhledávacího systému nebo jakoukoliv formou či jakýmkoliv způsobem rozšiřovat, ať už elektronicky, mechanicky, fotokopírováním, nahráváním nebo jinak.

Pokud není uvedeno jinak, všechny citace z Písma pocházejí z Bible svaté, ČESKÉHO EKUMENICKÉHO PŘEKLADU, ®, Copyright © 1995 vydaného Českou biblickou společností. Použito s povolením.

Copyright © 2018 Dr. Jaerock Lee
ISBN: 979-11-263-0442-4 03230
Copyright překladu © 2015 Dr. Esther K. Chung. Použito s povolením.

Předtím vydáno v roce 1992 v korejštině vydavatelstvím Urim Books

První vydání Září 2018

Úpravy: Dr. Geumsun Vin
Vnější úprava: Vydavatelství Urim Books
Tisk: Tiskařství Prione
Více informací získáte na: urimbook@hotmail.com

Úvodní slovo k vydání

Zatímco nám Bůh nařizuje, abychom se ustavičně modlili, také nás mnoha způsoby instruuje, proč se máme ustavičně modlit, a upozorňuje nás, abychom se modlili proto, abychom neupadli do pokušení.

Zrovna jako není pravidelné dýchání obtížným úkolem pro zdatného člověka s dobrým zdravotním stavem, tak i duchovně zdraví jedinci mají běžně za přirozené a nemají za namáhavé žít podle Božího slova a ustavičně se modlit. To proto, že do jaké míry se člověk modlí, do takové míry se bude těšit dobrému zdraví, a ve všem se mu bude dobře dařit tak, jako se bude dobře dařit jeho duši. Význam modliteb proto nemůže být nikdy dostatečně důrazný.

Člověk, jehož život skončil, nemůže dýchat nosními dírkami. Ze stejného důvodu jedinec, jehož duch zemřel, není schopen popadnout duchovní dech. Jinými slovy, duch člověka byl usmrcen kvůli Adamovu hříchu, ale ti, jejichž duch byl Duchem svatým obnoven, nesmí nikdy ochabnout v modlitbách, dokud jejich duch žije, zrovna jako si nemůžeme dát pauzu od dýchání.

Noví věřící, kteří teprve nedávno přijali Ježíše Krista, jsou jako kojenci. Nevědí, jak se modlit a mají tendence mít modlení se k Bohu za nezáživné. Nicméně když spoléhání na Boží slovo nevzdají a setrvají v horlivých modlitbách, jejich duch bude růst a oni budou posíleni, zatímco se budou energicky modlit. Tito lidé si poté uvědomí, že nemohou bez modlitby žít, zrovna jako nikdo nedokáže žít bez dýchání.

Modlitba je nejenom naším duchovním dechem, ale kanálem rozhovoru mezi Bohem a jeho dětmi, který musí zůstat vždy otevřený. Skutečnost, že konverzace mezi mnoha rodiči a jejich dětmi byla v moderních rodinách dnešní doby přerušena, není ničím menším než tragédií. Vzájemná důvěra byla rozbita a jejich vztahy jsou pouze formální. Avšak, není nic, co bychom našemu

Bohu nemohli říct.

Náš všemohoucí Bůh je starostlivý Otec, který nás nejlépe zná a nejlépe nám rozumí, po celou dobu nám věnuje nejužší pozornost a vyžaduje po nás, abychom s ním znovu a znovu mluvili. Pro všechny věřící je tedy modlitba klíčem k zamykání a odemykání dveří k srdci všemohoucího Boha a zbraní, která překračuje prostor a čas. Neviděli jsme snad, neslyšeli jsme snad a nezakusili jsme snad z první ruky bezpočet křesťanů, jejichž životy se změnily a směr, kterým se ubíraly světové dějiny, se rovněž pozměnil kvůli mocným modlitbám?

Když s pokorou žádáme o pomoc Ducha svatého, když se modlíme, Bůh nás naplní Duchem svatým, umožní nám jasněji porozumět své vůli a žít podle ní a nechá nás přemoci nepřítele ďábla a být na tomto světě vítězi. Nicméně když někdo ochabne a nezíská vedení Duchem svatým, protože se nemodlí, bude spoléhat nejprve a především na své vlastní myšlenky a teorie a žít v nepravdě, což je proti Boží vůli a bude pro něj obtížné získat spasení. Proto nám Bible v Koloským 4:2 říká: *„V modlitbách buďte vytrvalí, bděte a děkujte Bohu"* a v Matoušovi 26:41: *„Bděte a modlete se, abyste neupadli do pokušení. Váš duch je odhodlán, ale tělo slabé."*

Důvodem pro to, že jediný Boží syn Ježíš mohl naplnit veškeré své dílo v souladu s Boží vůlí, byla moc modlitby. Dříve než začal svou veřejnou službu, se náš Pán Ježíš po 40 dnů postil a nastolil nám příklad života v modlitbách tím, že se i během své tříleté služby modlil, kdekoliv mohl.

Vidíme, že mnoho křesťanů rozpoznává důležitost modlitby, ale mnoho z nich neuspěje v získání Božích odpovědí, protože nevědí, jak se modlit podle Boží vůle. Byl jsem zdrcený, když jsem dlouhou dobu vídával a slýchával o tolika jedincích, ale mám velkou radost, že mohu vydat knihu o modlitbě založenou na více než 20 letech služby a zkušeností z první ruky.

Doufám, že tato útlá kniha bude velikou pomocí pro každého čtenáře pro setkávání s Bohem, zakoušení Boha a pro vedení života v mocných modlitbách. Kéž je každý čtenář bdělý a ustavičně se modlí, aby se mohl těšit dobrému zdraví a ve všem se mu dobře dařilo tak, jako se bude dobře dařit jeho duši. Takto se modlím ve jménu našeho Pána Ježíše Krista!

Jaerock Lee

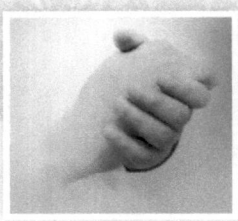

Obsah

Bděte a modlete se!

Úvodní slovo k vydání

Kapitola 1
Proste, hledejte a tlučte 1

Kapitola 2
Věřte, že je vám dáno 19

Kapitola 3
Modlitba, která se líbí Bohu 31

Kapitola 4
Abyste neupadli do pokušení 51

Kapitola 5
Vroucí modlitba spravedlivého 65

Kapitola 6
Shodnou-li se dva z vás na zemi 77

Kapitola 7
Vždy se modli a nevzdávej se 91

Kapitola 1

Proste, hledejte a tlučte

„Proste, a bude vám dáno;
hledejte a naleznete; tlučte a bude vám otevřeno.
Neboť každý, kdo prosí, dostává, a kdo hledá, nalézá,
a kdo tluče, tomu bude otevřeno.
Což by někdo z vás dal svému synu kámen,
když ho prosí o chléb?
Nebo by mu dal hada, když ho prosí o rybu?
Jestliže tedy vy, ač jste zlí,
umíte svým dětem dávat dobré dary,
tím spíše váš Otec v nebesích dá dobré těm,
kdo ho prosí!"

Matouš 7:7-11

1. Bůh dává dobré dary těm, kdo ho prosí

Bůh nechce, aby jeho děti trpěly chudobou a nemocemi, ale touží po tom, aby jim každá věc v jejich životě vyšla. Nicméně pokud jen nečinně sedíme, aniž bychom vyvinuli sebemenší úsilí, nic nesklidíme. Ačkoliv by nám Bůh mohl dát všechno ve vesmíru, neboť všechno ve vesmíru mu náleží, chce, aby ho jeho děti prosily, hledaly a dosáhly toho samy, zrovna jako říká staré přísloví: „Nakrmili byste plačící dítě."

Jestliže máme člověka, který si přeje získat všechno, přičemž nečinně přihlíží, neliší se od květin zasazených na zahradě. Jak sklíčení by byli rodiče, kdyby se jejich děti chovaly jako nehybné rostliny a strávily by celý den v posteli, aniž by vyvinuly sebemenší úsilí k tomu, aby žily svůj vlastní život? Takové chování je jako chování líného muže, který promarní všechen svůj čas čekáním na to, až mu spadne ovoce ze stromu do úst.

Bůh chce, abychom se stali jeho moudrými a pilnými dětmi, které horlivě prosí, hledají a tlučou, přičemž si užívají jeho požehnání a vzdávají mu slávu. To je přesně to, proč nám Bůh nařizuje, abychom prosili, hledali a tloukli. Žádný rodič nedá svému dítěti kámen, když ho prosí o chleba. Žádný rodič nedá svému dítěti hada, když ho prosí o rybu. Třebaže je rodič velmi špatný člověk, touží po tom dát svým dětem dobré dary. Nemyslíte, že náš Bůh – který nás miloval do té míry, že dal svého jednorozeného Syna, aby za nás zemřel – dá svým dětem dobré dary, když ho poprosí?

V Janovi 15:16 nám Ježíš říká: *"Ne vy jste vyvolili mne, ale já jsem vyvolil vás a ustanovil jsem vás, abyste šli a nesli ovoce a vaše ovoce aby zůstalo; a Otec vám dá, oč byste ho prosili v mém jménu."* Toto je závazný slib všemohoucího Boha lásky o tom, že když horlivě prosíme, hledáme a tlučeme, otevře nebeské brány, požehná nám a dokonce odpoví na touhy našeho srdce.

Pomocí pasáže, na které je tato kapitola založena, se nyní pojďme dozvědět, jak prosit, hledat a tlouct a získat od Boha všechno, oč požádáme, takže to pro něj bude veliká sláva a pro nás veliká radost.

2. Proste, a bude vám dáno

Bůh říká všem lidem: „Proste, a bude vám dáno" a touží po tom, aby byl každý požehnaným člověkem, který obdrží všechno, oč poprosí. Oč bychom měli podle něj prosit?

1) Proste, aby vám Bůh dal sílu a abyste mohli spatřit jeho tvář

Potom, co Bůh stvořil nebe a zemi a všechno na nich, stvořil člověka. A Bůh člověku požehnal a řekl mu, aby se plodil a množil a naplnil zemi, podmanil si ji a panoval nad mořskými rybami, nad nebeským ptactvem a nade vším živým, co se na zemi hýbe.

Avšak, potom co první člověk Adam neuposlechl Boží slovo, ztratil tato požehnání, a když uslyšel Boží hlas, ukryl se před Bohem (Genesis 3:8). Navíc se lidstvo, které se stalo hříšným, Bohu odcizilo a bylo vehnáno v podobě otroků nepřítele ďábla na cestu zkázy.

Za tyto hříšníky poslal Bůh lásky svého Syna Ježíše Krista na zemi, aby je spasil a otevřel jim dveře ke spasení. A jestliže někdo přijme Ježíše Krista jako svého osobního Spasitele a uvěří v jeho jméno, Bůh mu odpustí všechny jeho hříchy a dá mu dar Ducha svatého.

Navíc nás víra v Ježíše Krista vede ke spasení a umožňuje nám získat od Boha sílu. Pouze když nám Bůh dává svou sílu a moc, můžeme úspěšně vést zbožný život. Jinými slovy, pouze z Boží milosti a díky síle shůry můžeme přemoci svět a žít podle Božího slova. A abychom porazili ďábla, potřebujeme získat od Boha moc.

Žalm 105:4 nám říká: *„Dotazujte se na vůli Hospodinovu a jeho moc, jeho tvář hledejte ustavičně."* Náš Bůh je *„JSEM, KTERÝ JSEM"* (Exodus 3:14), Stvořitel nebe a země (Genesis 2:4) a Vládce nad celou historií a vším ve vesmíru od počátku a navěky. Bůh je Slovo a Slovem stvořil Bůh všechno ve vesmíru, tudíž je jeho Slovo moc. Protože se slova člověka pořád mění, nenesou v sobě žádnou moc, aby něco stvořila nebo uvedla věci do pohybu. Na rozdíl od lidských slov, která jsou nepravdivá a neustále se mění, je Boží slovo živé a plné moci a může způsobit skutek stvoření.

Proto bez ohledu na to, jak může být člověk bezmocný, pokud uslyší Boží slovo, které je živé a bez jakýchkoliv pochybností mu uvěří, může také způsobit skutek stvoření a stvořit něco z ničeho. Stvoření něčeho z ničeho je bez víry v Boží slovo nemožné. To je důvod, proč Ježíš ke všem, kteří před něho předstoupili, provolával: *„Jak jsi uvěřil, tak se ti staň."* Stručně řečeno, prosit Boha o sílu je stejné jako ho prosit, aby nám dal víru.

Co tedy potom znamená „hledat ustavičně jeho tvář"? Zrovna jako nemůžeme říct, že někoho „známe", aniž bychom znali jeho tvář, „hledat jeho tvář" se vztahuje na úsilí, které musíme vyvinout při objevování toho „kdo je Bůh." To znamená, že ti, kdo se předtím vyhýbali tomu, aby spatřili Boží tvář a slyšeli jeho hlas, nyní otevírají svá srdce, hledají Boha, pokoušejí se mu porozumět a snaží se slyšet jeho hlas. Hříšník není schopen pozvednout svou hlavu vzhůru a pokouší se spíše odvrátit svou tvář od ostatních. Avšak jakmile jednou získá odpuštění, může pozvednout svou hlavu vzhůru a spatřit druhé lidi.

Ze stejného důvodu se všichni lidé stali hříšníky skrze

neposlušnost Božímu slovu, ale pokud je někomu odpuštěno tím, že přijme Ježíše Krista a stane se Božím dítětem, když obdrží Ducha svatého, může nyní spatřit Boha, který samotný je Světlem, protože je spravedlivým Bohem prohlášen za spravedlivého.

Rozhodujícím důvodem pro to, že Bůh říká všem lidem, aby „prosili, aby mohli spatřit Boží tvář", je to, že chce, aby každý z nich – hříšníků – byl usmířen s Bohem a obdržel Ducha svatého tím, že poprosí, aby mohl spatřit Boží tvář a stal se Božím dítětem, které k němu může přistupovat tváří v tvář. Když se člověk stane dítětem Boha Stvořitele, obdrží nebe, věčný život a štěstí, nad něž není většího požehnání.

2) Proste o dosažení Božího království a spravedlnosti

Člověk, který obdržel Ducha svatého a stal se Božím dítětem, je schopný žít nový život, protože se znovu narodil z Ducha. Bůh, který má jedinou duši za cennější nad nebe a zemi, říká nám, jeho dětem, abychom prosili za naplnění jeho království a spravedlnosti nad všechno ostatní (Matouš 6:33).

Ježíš nám v Matoušovi 6:25-33 říká následující:

> *Proto vám pravím: Nemějte starost o svůj život, co budete jíst, ani o tělo, co budete mít na sebe. Což není život víc než pokrm a tělo víc než oděv? Pohleďte na*

nebeské ptactvo: neseje, nežne, nesklízí do stodol, a přece je váš nebeský Otec živí. Což vy nejste o mnoho cennější? Kdo z vás může o jedinou píď prodloužit svůj život, bude-li se znepokojovat? A o oděv proč si děláte starosti? Podívejte se na polní lilie, jak rostou: nepracují, nepředou – a pravím vám, že ani Šalomoun v celé své nádheře nebyl tak oděn, jako jedna z nich. Jestliže tedy Bůh tak obléká polní trávu, která tu dnes je a zítra bude hozena do pece, neobleče tím spíše vás, malověrní? Nemějte starost a neříkejte: co budeme jíst? Co budeme pít? Co si budeme oblékat? Po tom všem se shánějí pohané. Váš nebeský Otec přece ví, že to všechno potřebujete. Hledejte především jeho království a spravedlnost, a všechno ostatní vám bude přidáno.

Co tedy znamená „hledat Boží království" a co „hledat Boží spravedlnost"? Jinými slovy, za co bychom měli prosit, abychom dosáhli Božího království a jeho spravedlnosti?

Za lidstvo, které se stalo otroky nepřítele ďábla a bylo určeno ke zkáze, Bůh poslal na zemi svého jediného Syna a nechal Ježíše zemřít na kříži. Skrze Ježíše Krista v nás Bůh obnovil autoritu, kterou jsme ztratili, a dovolil nám kráčet po cestě spasení. Čím více šíříme zprávy o Ježíši Kristu, který za nás zemřel a byl vzkříšen, tím více ničíme síly satana. Čím více ničíme síly satana, tím více ztracených duší dorazí ke spasení. Čím více ztracených duší dorazí ke spasení, tím rozlehlejší Boží království bude. Takže, „hledat Boží království" se vztahuje na modlitby za dílo spasení duší nebo světovou misii, aby se všichni lidé mohli stát Božími dětmi.

Kdysi jsme žili ve tmě a vprostřed hříchu a zla, ale skrze Ježíše Krista jsme byli zmocněni předstoupit před Boha, který samotný je světlem. Protože Bůh přebývá v dobrotě, ve spravedlnosti a ve světle, nemohli jsme před něho s hříchem a zlem předstoupit ani se stát jeho dětmi.

Proto se „hledat Boží spravedlnost" vztahuje na to modlit se, aby mohl být něčí mrtvý duch oživen, jeho duši se dařilo a on se stal spravedlivým tím, že bude žít podle Božího slova. Musíme poprosit Boha, aby nám umožnil slyšet a být osvíceni Božím slovem, vyjít z hříchu a tmy a přebývat ve světle, a stát se posvěceni tím, že na sebe vezmeme Boží svatost.

Zavržení skutků těla podle tužeb Ducha svatého a posvěcení životem podle pravdy je dosažení Boží spravedlnosti. Navíc, přitom jak prosíme o dosažení Boží spravedlnosti, se budeme těšit dobrému zdraví a ve všem se nám bude dobře dařit tak, jako se bude dobře dařit naší duši (3 Janův 1:2). To je důvod, proč nám Bůh nařizuje, abychom nejprve prosili o dosažení Božího království a jeho spravedlnosti, a slibuje nám, že všechno ostatní, oč prosíme, nám přidá.

3) Proste, abyste se stali Božími služebníky a uskutečňovali Bohem uložené povinnosti

Pokud prosíte o naplnění Božího království a spravedlnosti, musíte se potom modlit, abyste se stali Božími služebníky. Jste-li již Božími služebníky, musíte se horlivě modlit za uskutečnění Bohem uložených povinností. Bůh odměňuje ty, kdo ho usilovně hledají (Židům 11:6) a odplatí každému člověku podle toho, jak jednal (Zjevení 22:12).

Ve Zjevení 2:10 nám Ježíš říká: *„Buď věrný až na smrt, a dám ti vítězný věnec života."* I v tomto životě, když někdo horlivě studuje, může získat stipendium a jít na dobrou školu. Když někdo v práci tvrdě pracuje, může být povýšen a získat lepší postavení a vyšší plat.

Ze stejného důvodu, když jsou Boží děti věrné svým Bohem uloženým povinnostem, budou jim dány větší povinnosti a větší odměny. Odměny tohoto světa se nemohou velikostí ani slávou rovnat odměnám v nebeském království. Proto musí být ve svém vlastním postavení každý z nás dychtivý ve víře a modlit se, aby se stal vzácným Božím služebníkem.

Jestliže ještě někdo nemá Bohem uloženou povinnost, musí se modlit, aby se stal služebníkem pro Boží království. Pokud někomu již byla uložena povinnost, musí se modlit, aby ji dobře konal a dívat se po zodpovědnější povinnosti. Člen sboru se musí modlit, aby se stal diákonem, zatímco diákon se musí modlit za to, aby se stal starším. Vedoucí buňky církve se musí modlit, aby se stal vedoucím církve celého obvodu, vedoucí církve celého obvodu se musí modlit, aby se stal vedoucím církve celého okresu a vedoucí církve celého okresu se musí modlit, aby se stal vedoucím církve celého kraje.

Tím nechci říct, že byste se měli modlit za postavení v církvi jako je starší nebo diákon. Vztahuje se to na touhu být věrný svým povinnostem, vyvinout v nich co největší úsilí a sloužit a nechat se Bohem používat co nejvíce to lze.

Nejdůležitější věcí pro člověka, který má Bohem uložené povinnosti, je taková věrnost, se kterou je víc než schopný uskutečňovat ještě větší povinnosti než jsou povinnosti, které má nyní. Za to se musí modlit, aby ho Bůh mohl pochválit: „Správně, služebníku dobrý a věrný!"

1 Korintským 4:2 nám říká: *„Od správců se nežádá nic jiného, než aby byl každý shledán věrným."* Proto se musí každý z nás modlit, abychom se stali věrnými Božími služebníky v našich církvích, těle Kristovu, a v našich různých postaveních.

4) Proste o denní chléb

Aby člověka vykoupil z jeho chudoby, narodil se Ježíš chudý. Aby uzdravil každou nemoc a slabost, byl Ježíš bičován a prolil svou krev. Tudíž je pro Boží děti pouze přirozené, aby se těšily z hojného a zdravého života a aby jim každá věc v jejich životě vyšla.

Když prosíme především o dosažení Božího království a spravedlnosti, říká nám, že všechny tyto věci nám budou přidány (Matouš 6:33). Jinými slovy, potom co prosíme o naplnění Božího království a spravedlnosti, máme se modlit za věci nezbytné k životu na tomto světě jako je jídlo, oblečení, přístřeší, práce, požehnání v naší práci, spokojenost naší rodiny a podobně. Bůh nám tyto věci potom přidá, zrovna jako to přislíbil. Mějte na mysli, že pokud o takové věci prosíme kvůli našim žádostivým touhám a ne kvůli Boží slávě, Bůh na naše modlitby neodpoví. Modlitba z hříšných tužeb nemá nic co do činění s Bohem.

3. Hledejte a naleznete

Pokud „hledáte", znamená to, že jste něco ztratili. Bůh chce, aby lidé získali to „něco", co ztratili. Protože nám nařizuje, abychom hledali, musíme nejprve určit, co to je, co jsme ztratili, abychom mohli pátrat po tom „něčem", co jsme ztratili. Musíme rovněž přijít na to, jak to máme najít.

Co jsme tedy ztratili a jak to máme „hledat"?
První člověk, kterého Bůh stvořil, byl živý tvor skládající se z ducha, duše a těla. Jako živý tvor, který mohl komunikovat s Bohem, který je Duchem, si první člověk užíval všech požehnání, která mu Bůh dal a žil podle jeho Slova.

Přesto potom, co ho satan pokoušel, tento první člověk neuposlechl Boží nařízení. V Genesis 2:16-17 najdeme následující: „*A Hospodin Bůh člověku přikázal: ‚Z každého stromu zahrady smíš jíst. Ze stromu poznání dobrého a zlého však nejez. V den, kdy bys z něho pojedl, propadneš smrti.'*"

Třebaže je veškerá povinnost člověka bát se Boha a zachovávat jeho přikázání (Kazatel 12:13), první stvořený člověk Boží nařízení nedodržel. Nakonec, přesně jak ho Bůh varoval, potom co pojedl ze stromu poznání dobrého a zlého, jeho duch v něm zemřel a on se stal člověkem duše, který již nemohl komunikovat s Bohem. Navíc, duch všech jeho potomků zemřel a oni se stali lidmi těla, kteří již nedokázali déle dodržovat veškerou svou povinnost. Adam byl vyhnán ze zahrady Eden na prokletou zemi. On a všichni, kteří přišli po něm, nyní museli žít vprostřed žalu, utrpení a nemocí a jíst pouze z potu své tváře. Kromě toho nedokázali již nadále žít způsobem hodným záměru Božího stvoření, ale přitom jak se honili za pomíjivými věcmi v souladu se svými myšlenkami, začali se kazit.

Aby jedinec, jehož duch zemřel a jehož duše a tělo mají znovu žít způsobem hodným záměru Božího stvoření, potřebuje obnovit svého ztraceného ducha. Pouze, když je mrtvý duch v člověku oživen, stává se člověkem ducha, komunikuje s Bohem, který je Duchem a bude moci žít jako skutečný člověk. Proto nám Bůh nařizuje, abychom hledali svého ztraceného ducha.

Bůh otevřel pro všechny lidi cestu, jak oživit svého mrtvého ducha a tou cestou je Ježíš Kristus. Když uvěříme v Ježíše Krista, tak jak nám Bůh přislíbil, obdržíme Ducha svatého, Duch svatý přijde, bude v nás přebývat a přivede zpět k životu našeho mrtvého ducha. Když hledáme Boží tvář a přijímáme Ježíše Krista potom, co ho uslyšíme klepat na dveře k našemu srdci, přichází Duch svatý a dává život duchu (Jan 3:6). Zatímco žijeme v poslušnosti Ducha svatého, zavrhujeme skutky těla, horlivě posloucháme Boží slovo, nasáváme ho, děláme z něho svůj chléb a modlíme se nad ním, s Boží pomocí budeme moci žít podle něj. Toto je proces, ve kterém je mrtvý duch oživen, člověk se stává člověkem ducha a obnovuje ztracený Boží obraz.

Když chceme spořádat vysoce výživný vaječný žloutek, musíme nejprve rozbít skořápku a odstranit bílek. Stejným způsobem, aby se stal jedinec člověkem ducha, musí zavrhnout své skutky těla a musí dát život duchu pomocí Ducha svatého. To je „hledání", o kterém Bůh mluvil.

Dejme tomu, že by byl zastaven provoz všech elektrických systémů na světě. Žádný expert pracující sám by nedokázal systém opravit. Expertovi by zabralo ohromnou spoustu času vyslat elektrikáře a vyprodukovat nezbytné součástky, aby byla elektřina obnovena v každičké části světa.

Podobně, abychom oživili mrtvého ducha a stali se člověkem celého ducha, člověk potřebuje slyšet a znát Boží slovo. Přesto, protože samotná znalost Slova není dostatečná k tomu, aby z nej učinila člověka ducha, musí ho horlivě nasávat, dělat z něj svůj chléb a modlit se nad ním, aby mohl žít podle Božího slova.

4. Tlučte a bude vám otevřeno

„Otevřeno", o kterém tu Bůh mluví, je příslib, že bude otevřeno, když zatlučeme na dveře. Na jaké dveře nám Bůh říká, abychom tloukli? Jsou to dveře k srdci našeho Boha.

Dříve, než jsme tloukli na dveře k srdci našeho Boha, nejprve tloukl na dveře k našemu srdci on (Zjevení 3:20). V důsledku toho jsme otevřeli dveře k našemu srdci a přijali Ježíše Krista. Nyní je řada na nás, abychom tloukli na dveře k jeho srdci. Protože srdce našeho Boha je širší než nebesa a hlubší než oceán, tak když tlučeme na dveře k jeho nezměrnému srdci, můžeme získat cokoliv.

Zatímco se modlíme a tlučeme na dveře k Božímu srdci, otevře Bůh brány nebes a vylije na nás poklad. Když Bůh, který otevírá a nikdo nezavře, a který zavírá a nikdo neotevře, otevře brány nebes a zaslibuje nám požehnání, nikdo mu a záplavě jeho požehnání nemůže stát v cestě (Zjevení 3:7).

Když tlučeme na dveře k jeho srdci, můžeme získat od Boha odpovědi. Avšak v závislosti na tom, jak hodně někdo tluče na tyto dveře, může získat buď velké nebo malé požehnání. Pokud si přeje získat veliké požehnání, brány nebes musí být doširoka otevřené. Tudíž musí tlouct na dveře k Božímu srdci tím více a horlivěji a zalíbit se mu.

Protože Bůh je potěšen a líbí se mu, když zavrhujeme zlo a žijeme podle jeho přikázání v pravdě, tak pokud žijeme podle Božího slova, můžeme dostat cokoliv, oč poprosíme. Jinými slovy, „tlouct na dveře k Božímu srdci" se vztahuje na žít podle Božích přikázání.

Když horlivě tlučeme na dveře k jeho srdci, Bůh nás nikdy nepokárá a neřekne: „Proč tlučeš tak silně?" Je to přesně naopak. Bůh bude o to více potěšen a bude toužit po tom nám dát, oč poprosíme. Proto doufám, že zatlučete na dveře k Božímu srdci svými skutky, obdržíte všechno, oč poprosíte a vzdáte Bohu velikou slávu.

Trefili jste někdy prakem ptáka? Pamatuji si, že jsem jednou slyšel jednoho z přátel mého otce, jak mě pochválil za zručnost při vyrábění praku. Prak je nástroj zhotovený pečlivým ořezáváním kusu dřeva, ze kterého se střílí kamenem pomocí gumy přivázané k části připomínající tvar písmena Y.

Kdybych měl přirovnat pasáž z Matouše 7:7-11 k praku, „prosit" se vztahuje na to nalézt prak a kámen, kterým trefíte ptáka. Potom si potřebujete osvojit schopnost dobře vystřelit na ptáka. K čemu je dobrý prak a kámen, pokud nevíte, jak vystřelit? Budete možná chtít postavit cíl, seznámit se s vlastnostmi praku, cvičit střelbu na cíl, určit a pochopit nejlepší způsoby, jak trefit ptáka. Tento proces je ekvivalentem k „hledat." Čtením, horlivým nasáváním a děláním chleba z

Božího slova si jako Boží dítě nyní osvojujete předpoklady k tomu, abyste od něj mohli dostávat odpovědi.

Pokud jste si osvojili schopnost obsluhovat prak a dobře z něj střílet, musíte nyní střílet a to se dá přirovnat k „tlouct." Třebaže jsou prak a kámen připraveny, a třebaže jste si osvojili schopnosti nutné ke střelbě, pokud nevystřelíte, nemůžete trefit ptáka. Jinými slovy, pouze když žijeme podle Božího slova, ze kterého jsme si učinili ve svém srdci chléb, obdržíme, oč Boha poprosíme.

Prosit, hledat a tlouct nejsou oddělené procesy, ale propojená procedura. Nyní víte, oč prosit, co hledat a na co tlouct. Kéž vzdáte velikou slávu Bohu jako jeho požehnané dítě stejně jako získáte odpovědi na touhy vašeho srdce horlivými a zanícenými prosbami, hledáním a tlučením. Takto se modlím ve jménu našeho Pána Ježíše Krista!

Kapitola 2

Věřte, že je vám dáno

Amen, pravím vám,
že kdo řekne této hoře:
,Zdvihni se a vrhni do moře,'
– a nebude pochybovat,
ale bude věřit, že se stane, co říká,
bude to mít. Proto vám pravím:
,Věřte, že všecko, oč v modlitbě poprosíte,
je vám dáno a budete to mít.'

Marek 11:23:24

1. Veliká moc víry

Jednoho dne Ježíšovi učedníci, kteří ho doprovázeli, slyšeli svého učitele říct neplodnému fíkovníku: *„Ať se na tobě na věky neurodí ovoce!"* (Matouš 21:19). Když viděli, že strom najednou uschl až ke svým kořenům, užasli nad tím a dotazovali se Ježíše. Ježíš jim odpověděl: *„Amen, pravím vám, budete-li mít víru a nebudete pochybovat, učiníte nejen to, co se stalo s fíkovníkem; ale i kdybyste této hoře řekli: ,Zdvihni se a vrhni se do moře' – stane se to"* (Matouš 21:21).

Ježíš nám rovněž zaslíbil: *„Amen, amen, pravím vám: Kdo věří ve mne, i on bude činit skutky, které já činím, a ještě větší, neboť já jdu k Otci. A začkoli budete prosit ve jménu mém, učiním to, aby byl Otec oslaven v Synu. Budete-li mne o něco prosit ve jménu mém, já to učiním"* (Jan 14:12-14) a *„Zůstanete-li ve mně a zůstanou-li má slova ve vás, proste, oč chcete, a stane se vám. Tím bude oslaven můj Otec, když ponesete hojné ovoce a budete mými učedníky"* (Jan 15:7-8).

Zkrátka, protože je Bůh Stvořitel Otec těch, kteří přijali Ježíše Krista, mohou být zodpovězeny touhy jejich srdce, když věří v Boží slovo a zachovávají ho. V Matoušovi 17:20 nám Ježíš říká: *„Pro vaši malověrnost! Amen, pravím vám, budete-li mít víru jako zrnko hořčice, řeknete této hoře: ,Přejdi odtud tam', a přejde; a nic vám nebude nemožné."* Proč tedy tak mnoho lidí selhává v tom, aby dostávali Boží odpovědi a vzdávali

Bohu slávu navzdory bezpočtu hodin strávených v modlitbách? Prozkoumejme nyní, jak můžeme vzdávat Bohu slávu, když je nám dáno vše, oč v modlitbě poprosíme.

2. Věřte ve všemohoucího Boha

Aby se člověk mohl udržet při životě už od chvíle svého narození, vyžaduje takové nezbytné věci jako jídlo, oblečení, přístřeší a podobně. Avšak tím nejnedílnějším elementem k zachování života je dýchání. Umožňuje existenci života a život tak má svou cenu. Zatímco Boží děti, které přijaly Ježíše Krista a znovu se narodily, rovněž vyžadují v životě mnoho věcí, nejzákladnější věcí v jejich životě je modlitba.

Modlitba je kanálem dialogu s Bohem, který je Duchem, stejně jako je dýchání pro našeho ducha. Navíc, protože je modlitba rovněž prostředkem, který používáme k tomu, abychom Boha prosili a dostávali od něj odpovědi, nejvýznamnějším aspektem při modlitbě je srdce, kterým věříme ve všemohoucího Boha. V závislosti na stupni víry člověka v Boha pocítí člověk přitom, jak se modlí, jistotu Božích odpovědí a obdrží odpovědi podle své víry.

A nyní, kdo je ten Bůh, ve kterého vkládáme svou víru?
Při svém popisu ve Zjevení 1:8 Bůh řekl: *„Já jsem Alfa i Omega, praví Pán Bůh, ten, který jest a který byl a který*

přichází, Všemohoucí. " Bůh, který se nám představuje ve Starém zákoně, je Stvořitel všeho ve vesmíru (Genesis 1:1-31) a právě on rozdělil Rudé moře a potom nechal Izraelity, kteří opustili Egypt, toto moře přejít (Exodus 14:21-29). Když Izraelité poslechli Boží nařízení a pochodovali okolo města Jericha po sedm dní, přičemž vydávali mohutný pokřik, zdánlivě nezničitelné hradby Jericha se zhroutily (Jozue 6:1-21). Když se Jozue modlil k Bohu uprostřed bitvy proti Emorejcům, Bůh nechal slunce zmlknout a měsíc stát (Jozue 10:12-14).

V Novém zákoně Ježíš, Syn všemohoucího Boha, vzkřísil mrtvého z hrobu (Jan 11:17-44), uzdravil každou nemoc a každou chorobu (Matouš 4:23-24), otevřel oči slepému (Jan 9:6-11) a postavil znovu na nohy ochrnutého (Skutky 3:1-10). Odehnal také okamžitě svým slovem síly nepřítele ďábla a satana a zlé duchy (Marek 5:1-20) a pomocí pěti chlebů a dvou ryb zaopatřil dostatek jídla a uspokojil tím 5000 lidí (Marek 6:34-44). Kromě toho tím, že utišil vítr a vlny, nám přímo ukázal, že je Vládcem všech věcí ve vesmíru (Marek 4:35-39).

Proto musíme věřit ve všemohoucího Boha, který nám ve své přehojné lásce dává dobré dary. Ježíš nám v Matoušovi 7:9-11 řekl: *„Což by někdo z vás dal svému synu kámen, když ho prosí o chléb? Nebo by mu dal hada, když ho prosí o rybu? Jestliže tedy vy, ač jste zlí, umíte svým dětem dávat dobré dary, tím spíše váš Otec v nebesích dá dobré těm, kdo ho prosí!"* Bůh lásky chce dávat nám svým dětem ty nejlepší dary.

Ve své přetékající lásce nám Bůh dal svého jediného Syna. Co dalšího by nám tedy nedal? Izajáš 53:5-6 nám říká: „*Jenže on byl proklán pro naši nevěrnost, zmučen pro naši nepravost. Trestání snášel pro náš pokoj, jeho jizvami jsme uzdraveni. Všichni jsme bloudili jako ovce, každý z nás se dal svou cestou, jej však Hospodin postihl pro nepravost nás všech.*" Prostřednictvím Ježíše Krista, kterého pro nás připravil, jsme obdrželi život ve své smrti a můžeme se těšit z pokoje a být uzdraveni.

Pokud Boží děti slouží všemohoucímu a živému Bohu jako svému Otci a věří, že Bůh působí tak, aby všechny věci fungovaly společně ku prospěchu dobrého pro ty, kdo ho milují a odpovídá těm, kdo k němu volají, nemusí se znepokojovat a dělat si starosti v dobách pokušení a neštěstí, ale místo toho vzdávají Bohu díky, radují se a modlí se.

To znamená „věřit v Boha" a Bůh je potěšen, že vidí takový projev něčí víry. Bůh nám rovněž odpovídá podle naší víry a tím, že nám projevuje důkaz své existence, nám umožňuje, abychom mu vzdali slávu.

3. Proste s důvěrou a nepochybujte

Bůh, Stvořitel nebe, země a lidstva, umožnil člověku

zaznamenat Bibli, aby byly jeho vůle a prozíravost všem známy. Ve všech dobách se Bůh rovněž ukazuje těm, kdo věří v jeho Slovo a zachovávají ho a dokazuje nám, že je živý a všemohoucí skrze projevy zázračných znamení a zázraků.

Uvěřit v živého Boha můžeme pouhým pohledem na jeho stvoření (Římanům 1:20) a vzdát Bohu slávu můžeme tím, že obdržíme jeho odpovědi díky modlitbám doprovázeným naší vírou v něho.

Existuje „tělesná víra", kterou můžeme věřit, protože naše poznání nebo myšlení je shodné s Božím slovem a „duchovní víra," což je taková víra, díky které můžeme získávat od Boha odpovědi. Zatímco to, co nám Boží slovo říká, je měřeno oproti poznání a myšlení člověka nepravděpodobné, tak když Boha prosíme s důvěrou v něho, dává nám víru a pocit jistoty. Tyto elementy krystalizují v odpověď a to je duchovní víra.

Proto nám Jakubův list 1:6-8 říká: *„Nechť však prosí s důvěrou a nic nepochybuje. Kdo pochybuje, je podoben mořské vlně, hnané a zmítané vichřicí. Ať si takový člověk nemyslí, že od Pána něco dostane; je to muž rozpolcený, nestálý ve všem, co činí. "*

Pochybnosti mají svůj původ v poznání člověka, přemýšlení, argumentech a domněnkách a dostávají se k nám prostřednictvím nepřítele ďábla. Pochybovačné srdce je rozpolcené a vychytralé a Bohu se nanejvýš ošklíví. Jak tragické by bylo, kdyby vaše děti nedokázaly uvěřit, že jste jejich biologický otec nebo matka, ale namísto toho by o tom neustále pochybovaly? Ze stejného důvodu, jak by mohl Bůh odpovídat na modlitby svých dětí, pokud by nedokázaly uvěřit, že on je jejich Otec, ačkoliv je po celou dobu snášel a pečoval o ně?

Proto je nám připomínáno, že: *„Soustředění na sebe je Bohu nepřátelské, neboť se nechce ani nemůže podřídit Božímu zákonu. Ti, kdo žijí jen z vlastních sil, nemohou se líbit Bohu"* (Římanům 8:7-8) a jsme nabádáni k tomu, že *„Zbraně našeho boje nejsou světské, nýbrž mají od Boha sílu bořit hradby. Jimi boříme lidské výmysly a všecko, co se v pýše pozvedá proti poznání Boha. Uvádíme do poddanství každou mysl, aby byla poslušna Krista"* (2 Korintským 10:4-5).

Když se naše víra přemění v duchovní víru a my ani trochu nepochybujeme, Bůh je velmi potěšen a dá nám cokoliv, oč poprosíme. Když ani Mojžíš ani Jozue nepochybovali, ale pouze jednali s vírou, mohli rozdělit Rudé moře a překročit řeku Jordán a zničit hradby Jericha. Stejným způsobem, když řeknete hoře: „Zdvihni se a vrhni se do moře" a nepochybujete ve svém srdci, ale věříte, že co řeknete, se stane, stane se to.

Dejme tomu, že byste řekli hoře Mount Everest: „Vrhni se do Indického oceánu." Dostali byste odpověď na svou modlitbu? Je samozřejmé, že kdyby byla hora Mount Everest skutečně hozena do Indického oceánu, následoval by globální chaos. Kvůli tomu by to nemohla být a ani to není Boží vůle, taková modlitba zůstane nevyslyšena bez ohledu na to, jak hodně se budete modlit, protože vám Bůh nedá duchovní víru, se kterou v něho můžete věřit.

Pokud se modlíte, abyste dosáhli něčeho, co je proti Boží vůli, tak k vám víra, kterou můžete věřit ve svém srdci, nepřijde. Můžete nejprve věřit, že vaše modlitba může být vyslyšena, ale jak jde čas, začnou narůstat pochybnosti. Pouze pokud se třeba jen málo modlíme a prosíme v souladu s Boží vůlí bez pochybností, dostaneme od Boha odpovědi. Proto, jestliže vám nebylo odpovězeno na vaše modlitby, musíte si uvědomit, že je to proto, že jste prosili o něco, co je proti Boží vůli nebo jste na vině kvůli pochybování nebo zpochybňování Božího Slova.

1 Janův 3:21-22 nám připomíná: *„Moji milí, jestliže nás srdce neobviňuje, máme svobodný přístup k Bohu; oč bychom ho žádali, dostáváme od něho, protože zachováváme jeho přikázání a činíme, co se mu líbí."*

Lidé, kteří poslouchají Boží přikázání a dělají, co se Bohu líbí, neprosí o věci, které jsou v rozporu s Boží vůlí. Dostat, oč poprosíme, můžeme potud, pokud je to v souladu s Boží vůlí. Bůh nám říká: *„Věřte, že všecko, oč v modlitbě poprosíte, je vám dáno a budete to mít"* (Marek 11:24).

Proto, abyste obdrželi od Boha odpovědi, musíte od něj nejprve dostat duchovní víru, kterou vám dá, když budete jednat a žít podle jeho Slova. Jakmile zničíte všechny argumenty a spekulace vznesené proti Božímu poznání, pochybnosti zmizí a vy získáte duchovní víru, čímž získáte cokoliv, oč poprosíte.

4. Věřte, že všecko, oč v modlitbě poprosíte, je vám dáno

Numeri 23:19 nám připomíná: *„Bůh není člověk, aby lhal, ani lidský syn, aby litoval. Zdali řekne, a neučiní, promluví, a nedodrží?"*

Pokud opravdu věříte v Boha, proste s důvěrou a ani trochu nepochybujte. Musíte věřit, že je vám dáno všechno, oč v modlitbě poprosíte. Bůh je všemohoucí a věrný a zaslibuje nám odpovídat na naše modlitby.

Proč tedy tak mnoho lidí říká, že navzdory jejich modlitbám víry Bůh na jejich modlitby neodpovídá? Je to proto, že by jim Bůh neodpověděl? Ne. Bůh jim jistě na jejich modlitby odpověděl, ale zabere to čas, protože sami sebe ještě nepřipravili jako nádoby hodné obsahu v podobě Božích odpovědí.

Když farmář zasévá semínka, věří, že bude sklízet ovoce, ale nemůže ovoce shromáždit hned. Potom, co byla semínka zaseta, pučí, kvetou a nesou ovoce. Některým semínkům trvá déle, než ponesou ovoce než jiným. Podobně i proces získávání odpovědí od Boha vyžaduje takové postupy zasévání a pěstování.

Dejme tomu, že by se nějaký student modlil: „Zařiď, Pane, abych mohl začít studovat na Harvardu." Kdyby se modlil s vírou v Boží moc, Bůh by jistě na studentovu modlitbu odpověděl. Nicméně, odpověď na jeho modlitbu by se k němu nemusela dostat hned. Bůh připravuje studenta, aby z něj vyrostla nádoba vhodná pro jeho odpovědi a později na modlitbu odpoví. Bůh mu dá takové srdce, aby dokázal tvrdě a horlivě studovat, a tak ve škole vynikat. Jakmile student setrvá v modlitbách, Bůh odstraní z jeho mysli jakékoliv světské myšlenky a dá mu moudrost a osvítí ho, aby studoval efektivněji. Podle studentových skutků Bůh povede každou záležitost v jeho životě, aby se vyvíjela příznivě a vybaví studenta předpoklady k tomu, aby se přihlásil na Harvard. Když nastane ta správná chvíle, Bůh mu umožní se tam dostat.

Stejné pravidlo se vztahuje na lidi zasažené nemocí. Jakmile se dozví pomocí Božího slova, proč nemoci přicházejí a jak se z nich dá uzdravit, tak když se modlí s vírou, mohou získat uzdravení. Musí objevit hradbu z hříchu, která stojí mezi nimi a Bohem a dostat se na dno příčiny nemoci. Pokud přišla nemoc kvůli nenávisti, musí zavrhnout nenávist a přeměnit své srdce na srdce lásky. Pokud přišla nemoc kvůli přejídání, musí od Boha obdržet sílu se ovládat a upravit svůj zlozvyk. Pouze skrze takové procesy dává Bůh lidem víru, kterou mohou věřit a připravuje je, aby byli řádnými nádobami, které dostanou jeho odpovědi.

Modlitba za to, aby se někomu dařilo v podnikání, se od případů výše v ničem neliší. Jestliže se modlíte, aby se vám dostalo požehnání skrze vaše podnikání, Bůh vás nejprve vyzkouší, abyste se stali nádobou hodnou jeho požehnání. Obdaří vás moudrostí a silou, aby se vaše schopnost provozovat podnikání dostala na vynikající úroveň, takže se vám podnikání rozroste a zavede vás to do výborné pozice, ze které provozovat podnikání. Bůh vás povede k důvěryhodným lidem, postupně zvýší váš příjem a zkultivuje vaše podnikání. Až nastane čas, který si zvolí, odpoví právě na to, za co jste se modlili.

Skrze takové postupy zasévání a pěstování Bůh povede vaši duši k tomu, aby se jí dařilo a uvalí na vás zkoušku, aby z vás učinil nádobu hodnou získat to, oč prosí. Proto nesmíte být nikdy netrpěliví na základě svého vlastního myšlení. Namísto toho byste měli sami sebe přizpůsobit Božímu časovému vymezení, čekat na jeho načasování a důvěřovat tomu, že jste již obdrželi jeho odpovědi.

Všemohoucí Bůh odpovídá svým dětem ve své spravedlnosti podle zákonů duchovního světa a líbí se mu, když ho prosí s důvěrou. Židům 11:6 nám připomíná: *„Bez víry však není možné zalíbit se Bohu. Kdo k němu přistupuje, musí věřit, že Bůh jest a že se odměňuje těm, kdo ho hledají."*

Kéž se zalíbíte Bohu tím, že získáte takovou víru, kterou uvěříte, že jste již získali všechno, oč jste v modlitbě poprosili a vzdáte Bohu velikou slávu tím, že je vám dáno všechno, oč poprosíte. Takto se modlím ve jménu našeho Pána Ježíše Krista!

Kapitola 3

Modlitba, která se líbí Bohu

Potom se [Ježíš] jako obvykle odebral na Olivovou horu;
učedníci ho následovali.
Když došel na místo, řekl jim:
„Modlete se, abyste neupadli do pokušení."

Pak se od nich vzdálil, co by kamenem dohodil,
klekl a modlil se: „Otče, chceš-li, odejmi ode mne tento kalich,
ale ne má nýbrž tvá vůle se staň."
Tu se mu zjevil anděl z nebe a dodával mu síly.
Ježíš v úzkostech zápasil a modlil se ještě usilovněji;
jeho pot kanul na zem jako krůpěje krve.

Lukáš 22:39-44

1. Ježíš dává příklad správné modlitby

Lukáš 22:39-44 vykresluje scénu, ve které se Ježíš modlil v Getsemane noc předtím, než musel nést kříž, aby otevřel cestu ke spasení celého lidstva. Tyto verše nám vypovídají o mnoha aspektech ohledně postoje a srdce, které bychom měli při modlitbě mít.

Jak se Ježíš modlil, aby nejenom dokázal nést těžký kříž, ale také překonal nepřítele ďábla? Jaké srdce Ježíš měl, když se modlil, že se jeho modlitba líbila Bohu a vyslal anděla z nebe, aby ho posílil?

Na základě těchto veršů se nyní ponořme do správného postoje v oblasti modlitby a do takové modlitby, která se líbí Bohu. Já pak osobně každého z vás nabádám, abyste přezkoumali svůj vlastní modlitební život.

1) Ježíš byl zvyklý se modlit

Bůh nám pověděl, abychom v modlitbách neustávali (1 Tesalonickým 5:17) a přislíbil nám, že když ho o něco poprosíme, dá nám to (Matouš 7:7). Ačkoliv je správné v modlitbách neustávat a vždy Boha prosit, většina lidí se modlí pouze tehdy, když něco chtějí nebo mají problémy.

Avšak Ježíš se jako obvykle odebral na Olivovou horu (Lukáš 22:39). Prorok Daniel pokračoval v tom, že třikrát za den klekal na kolena, modlil se a vzdával čest svému Bohu, jako to činíval dříve (Daniel 6:11) a dva z Ježíšových učedníků, Petr a Jan, si každý den vyčlenili určitý čas a chodívali do chrámu k odpolední modlitbě (Skutky 3:1).

Musíme následovat Ježíšův příklad a udělat si zvyk z toho, že si každý den vyčleníme konkrétní čas k modlitbě. Bohu se zvláště líbí, když se lidé modlí za svítání a svěřují Bohu všechno na počátku každého dne a pak když se modlí v noci na konci každého dne a vzdávají mu díky za jeho ochranu během dne. Těmito modlitbami můžete získat jeho velikou moc.

2) Ježíš poklekal k modlitbě

Když pokleknete, srdce, se kterým se modlíte, stojí zpříma a tím, že pokleknete, prokazujete lidem, se kterýma mluvíte, úctu. Je pouze přirozené pro kohokoliv, kdo se modlí k Bohu, aby při modlitbě poklekl.

Boží Syn Ježíš se modlil s pokorným postojem, když poklekal, aby se modlil k všemohoucímu Bohu. Král Šalomoun (1 Královská 8:54), apoštol Pavel (Skutky 20:36) a diákon Štěpán, který zemřel mučednickou smrtí (Skutky 7:60), ti všichni poklekali, když se modlili.

Když prosíme své rodiče nebo někoho, kdo má určité postavení, o laskavost nebo o věci, po kterých toužíme, jsme poněkud nervózní a děláme předběžná opatření, abychom se vyhnuli zbytečným chybám. Jak bychom se tedy mohli projevovat na mysli a na těle ledabyle, pokud víme, že mluvíme s

Bohem Stvořitelem? Pokleknutí je výrazem vašeho srdce, které se bojí Boha a důvěřuje v jeho moc. Musíme si sami v sobě uklidit a pokorně pokleknout, když se modlíme.

3) Ježíšova modlitba byla v souladu s Boží vůlí

Ježíš se modlil k Bohu: *„Ale ne má nýbrž tvá vůle se staň"* (Lukáš 22:42). Ježíš, Boží Syn, přišel na zemi, aby zemřel na dřevěném kříži, třebaže byl bez viny a bez poskvrny. Proto se modlil: „Otče, chceš-li, odejmi ode mne tento kalich." Znal však Boží vůli, která měla spasit veškeré lidstvo skrze jednoho jednotlivce a nemodlil se za své vlastní dobro, ale pouze a jen v souladu s Boží vůlí.

1 Korintským 10:31 nám říká: *„Ať tedy jíte či pijete či cokoli jiného děláte, všecko čiňte k slávě Boží."* Pokud prosíme o něco, co není pro Boží slávu, ale spíše pro naše žádostivé touhy, nejde o správnou prosbu. Musíme se modlit pouze v souladu s Boží vůlí. Navíc nám Bůh říká, abychom měli na paměti, co nacházíme v Jakubově listu 4:2-3: *„Chcete mít, ale nemáte. Ubíjíte a nevražíte, ale ničeho nemůžete dosáhnout. Sváříte se a bojujete – a nic nemáte, protože neprosíte. Prosíte sice, ale nedostáváte, protože prosíte nedobře: jde vám o vaše vášně."* A tak se musíme podívat zpět na sebe a uvědomit si, zda se nemodlíme pouze za své vlastní dobro.

4) Ježíš zápasil v modlitbách

V Lukášovi 22:44 můžeme vidět, jak upřímně se Ježíš modlil. *"Ježíš v úzkostech zápasil a modlil se ještě usilovněji; jeho pot kanul na zem jako krůpěje krve."*
Podnebí v Getsemane, kde se Ježíš modlil, se v noci ochlazovalo, takže by bylo obtížné se dokonce jen zpotit. Dokážete si nyní představit, jak hodně musel být Ježíš vypjatý v upřímné a horlivé modlitbě, že jeho pot kanul na zem jako krůpěje krve? Kdyby se Ježíš modlil tiše, mohl by se modlit tak horlivě, že by se při modlení zpotil? Jak Ježíš zaníceně a horlivě volal k Bohu, jeho pot „kanul na zem jako krůpěje krve."

V Genesis 3:17 Bůh povídá Adamovi: *" Uposlechl jsi hlasu své ženy a jedl jsi ze stromu, z něhož jsem ti zakázal jíst. Kvůli tobě nechť je země prokleta; po celý svůj život z ní budeš jíst v trápení."* Předtím, než byl člověk proklet, žil život v hojnosti a měl všechno, čím ho Bůh zaopatřil. Když do něho vstoupil hřích skrze jeho neposlušnost Bohu, komunikace s jeho Stvořitelem dospěla ke svému konci a mohl se najíst pouze ve spojení s úmornou dřinou.

Jestliže toho, co je pro nás možné, můžeme dosáhnout pouze úmornou dřinou, co potom musíme udělat, když prosíme Boha o něco, co sami nedokážeme? Pamatujte si prosím, že pouze voláním k Bohu v modlitbách a úmornou dřinou a potem můžeme od Boha získat to, po čem toužíme. Kromě toho, mějte na mysli, jak se Ježíš sám horlivě namáhal a zápasil v modlitbách a jak nám Bůh řekl, že úmorná dřina a úsilí jsou nezbytné k tomu, abychom nesli ovoce. Pamatujte na to, dělejte přesně to, co dělal Ježíš a modlete se způsobem, který se líbí Bohu.

Až doteď jsme zkoumali, jak se modlil Ježíš, který nám dal příklad správné modlitby. Pokud se Ježíš, který měl veškerou autoritu, modlil do té míry, aby nám dal příklad, s jakým přístupem bychom se měli modlit my, pouhá Boží stvoření? Vnější vzezření a postoj něčí modlitby vyjadřuje jeho srdce. Proto by srdce, s jakým se modlíme, mělo být rovnocenně důležité jako postoj, s jakým se modlíme.

2. Náležitosti takové modlitby, která se líbí Bohu

S jakým srdcem bychom se tedy měli modlit, aby se to líbilo Bohu a on odpověděl na naši modlitbu?

1) Musíte se modlit celým svým srdcem

Díky způsobu, jakým se modlil Ježíš, jsme se dozvěděli, že modlitba ze srdce pramení z postoje, s jakým se člověk modlí k Bohu. Z postoje můžeme vydedukovat, s jakým srdcem se někdo modlí.

Podívejme se na modlitbu Jákoba ve 32. kapitole knihy

Genesis. S řekou Jabok před sebou se Jákob nalézal v nepříjemné situaci. Jákob se nemohl vrátit zpět, protože uzavřel dohodu se svým strýcem Lábanem, že nepřekročí hraniční čáru zvanou Galed. Nemohl však ani překročit řeku Jabok, kde na druhé straně čekal jeho bratr Ezau se 400 muži, aby Jákoba chytil. Byla to tak zoufalá situace, že byly Jákobova pýcha a ego, na které spoléhal, zcela zničeny. Jákob si konečně uvědomil, že pouze když svěří všechno Bohu a pohne Božím srdcem, mohou být jeho problémy vyřešeny. Zatímco Jákob zápasil v modlitbách až do bodu, kdy mu byla poraněna šlacha kyčelního kloubu, konečně obdržel od Boha odpověď. Jákob dokázal pohnout Božím srdcem a usmířit se se svým bratrem, který čekal na to, až si to s ním vyřídí.

Podívejme se blíže na 1 Královskou, konkrétně 18. kapitolu, ve které prorok Elijáš obdržel Boží „odpověď v podobě ohně" a vzdal Bohu velikou slávu. Když vzkvétalo během Achabovy vlády modlářství, Elijáš jednoruce bojoval s 450 Baalovými proroky a porazil je tím, že svrhl Boží odpovědi před Izraelity a přinesl tak svědectví o živém Bohu.

To byla doba, kdy měl Achab za to, že je prorok Elijáš vinen za tři a půl roku dlouhé sucho uvalené na Izrael a proroka hledal. Nicméně když Bůh nařídil Elijášovi, aby předstoupil před Achaba, prorok rychle uposlechl. Jak prorok předstoupil před krále, který ho hledal, aby ho zabil, statečně vyslovil, co Bůh skrze něho promlouval a zvrátil vše modlitbou víry, která neobsahovala sebemenší pochybnost, projevil se skutek pokání za lidi, kteří uctívali modly, protože se obrátili zpět k Bohu. Navíc se Elijáš sehnul k zemi a vtiskl si tvář mezi kolena, když se horlivě modlil, aby svrhl na zemi Boží skutek a ukončil sucho, které soužilo zemi po tři a půl roku (1 Královská 18:42).

Náš Bůh nám v Ezechielovi 36:36-37 připomíná: „‚*Já Hospodin jsem to vyhlásil i vykonal.*' *Toto praví Panovník Hospodin:* ‚*Opět budu izraelskému domu odpovídat na dotazy a prokážu jim toto.*'" Jinými slovy, ačkoliv Bůh zaslíbil Elijášovi, že sešle na Izrael silný déšť, silný déšť by nemohl spadnout bez Elijášovy horlivé modlitby ze srdce. Modlitba ze srdce může opravdově pohnout a přesvědčit Boha, který nám okamžitě odpoví a umožní nám mu vzdát slávu.

2) Musíte v modlitbě volat k Bohu

Bůh nám zaslibuje, že nás vyslyší a setká se s námi, když k němu budeme volat, chodit k němu, modlit se k němu a dotazovat se ho celým svým srdcem (Jeremjáš 29:12-13; Přísloví 8:17). V Jeremjáši 33:3 nám rovněž zaslibuje: „*Volej ke mně a odpovím ti. Chci ti oznámit veliké a nedostupné věci, které neznáš.*" Důvod, proč nám Bůh říká, abychom k němu volali v modlitbách, je ten, že když k němu nahlas voláme v modlitbách, budeme se moci modlit celým svým srdcem. Jinými slovy, když k němu voláme v modlitbách, budeme odděleni od světských myšlenek, únavy a ospalosti a naše vlastní myšlenky si v naší mysli nenajdou místo.

Avšak mnoho církví dnes věří a vyučuje své kongregace, že být potichu v chrámu je „zbožné" a „svaté." Když někteří bratři volají k Bohu mocným hlasem, zbytek kongregace je unáhlený k tomu si myslet, že se chovají nepatřičně a dokonce takové lidi odsoudí jako heretiky. To však je způsobeno neznalostí Božího slova a Boží vůle.

Rané církve, které se staly svědky velikých projevů Boží moci a probuzení, se dokázaly zalíbit Bohu v plnosti Ducha svatého tím, jak zde lidé pozdvihovali jednomyslně hlas k Bohu (Skutky 4:24). Dokonce i dnes můžeme vidět, jak se v církvích, kde volají k Bohu mocným hlasem, následují Boží vůli a žijí podle ní, projevují nesčetná zázračná znamení a zázraky a jak tyto církve zažívají veliká probuzení.

„Volat k Bohu" se vztahuje na to modlit se k Bohu s horlivou modlitbou na rtech a mocným hlasem. Skrze takovou modlitbu mohou být bratři a sestry v Kristu naplněni Duchem svatým a přitom jak dojde k odehnání zasahujících sil nepřítele ďábla, mohou dostat duchovní dary a odpovědi na své modlitby.

V Bibli je bezpočet záznamů příkladů, ve kterých Ježíš a mnoho praotců víry volali k Bohu mocným hlasem a dostali od něho odpovědi.

Pojďme prozkoumat několik příkladů ze Starého zákona.

V Exodus 15:22-25 je vylíčena scéna, ve které Izraelité poté, co předtím opustili Egypt, zrovna přešli bezpečně Rudé moře potom, co ho Mojžíšova víra rozdělila. Nicméně protože víra

Izraelitů byla velmi malá, tak když nemohli potom, co přešli poušť Šúr, najít nic k pití, reptali proti Mojžíšovi. Když Mojžíš „volal" k Bohu, hořká voda z Mary se proměnila ve sladkou.

Ve 12. kapitole knihy Numeri je scéna, ve které dostala Mojžíšova sestra Mirjam lepru potom, co mluvila proti Mojžíšovi. Když Mojžíš volal k Bohu slovy: *„Bože, prosím uzdrav ji, prosím!"* Bůh Mirjam z malomocenství uzdravil.

V 1 Samuelově 7:9 čteme: *„Samuel vzal jedno neodstavené jehňátko a obětoval je Hospodinu v zápalnou oběť, celopal, a úpěnlivě volal k Hospodinu za Izraele. A Hospodin mu odpověděl."*

V 17. kapitole 1 Královské je příběh o vdově ze Sarepty, která prokázala Božímu služebníku Elijášovi pohostinnost. Když její syn onemocněl a zemřel, Elijáš volal k Bohu slovy: *„Hospodine, můj Bože, ať se prosím vrátí do tohoto dítěte život!"* Hospodin Elijášův hlas vyslyšel, do dítěte se navrátil život a ožilo (1 Královská 17:21-22). Když Bůh Elijášovo volání uslyšel, vidíme, že na prorokovu modlitbu odpověděl.

Jonáš, kterého polkla velryba a uvěznila ho uvnitř svého břicha kvůli jeho neposlušnosti Boha, také získal záchranu, když volal v modlitbě k Bohu. V Jonášovi 2:3 najdeme, jak se Jonáš modlil: *„V soužení jsem volal k Hospodinu, on mi odpověděl. Z lůna podsvětí jsem volal o pomoc a vyslyšels mě."* Bůh vyslyšel jeho volání a zachránil ho. Bez ohledu na to, jak může být situace, ve které se nacházíme, strašlivá a úzkostná podobně jako ta Jonášova, tak když činíme pokání z našich provinění a voláme k němu, Bůh nám dá touhy našeho srdce, odpoví nám a poskytne nám řešení problémů.

Nová smlouva je rovněž plná scén, ve kterých lidé volají k Bohu.

V Janovi 11:43-44 čteme, že Ježíš zvolal mocným hlasem: *"Lazare, pojď ven!"* a muž, který již zemřel, vyšel ven, ruce i nohy měl svázané plátnem a tvář měl zahalenou šátkem. Pro mrtvého Lazara by nebyl žádný rozdíl v tom, zda by k němu Ježíš zvolal mocným hlasem nebo by šeptal. Přesto Ježíš k Bohu volal mocným hlasem. Ježíš přivedl zpět k životu Lazara, jehož tělo bylo v hrobě po 4 dny, svou modlitbou podle Boží vůle a zjevil tak Boží slávu.

Marek 10:46-52 nám vypráví o uzdravení slepého žebráka jménem Bartimaios:

> *A když [Ježíš] vycházel s učedníky a s velkým zástupem z Jericha, seděl u cesty syn Timaiův, Bartimaios, slepý žebrák. Když uslyšel, že je to Ježíš Nazaretský, dal se do křiku: "Ježíši, Synu Davidův, smiluj se nade mnou!" Mnozí ho napomínali, aby mlčel. On však tím více křičel: "Synu Davidův, smiluj se nade mnou!" Ježíš se zastavil a řekl: "Zavolejte ho!" I zavolali toho slepého a řekli mu: "Vzchop se,*

vstaň, volá tě!" Odhodil svůj plášť, vyskočil a přišel k Ježíšovi. Ježíš mu řekl: „Co chceš abych pro tebe učinil?" Slepý odpověděl: „Pane, ať vidím!" Ježíš mu řekl: „Jdi, tvá víra tě zachránila." Hned prohlédl a šel tou cestou za ním.

Ve Skutcích 7:59-60 volal diákon Štěpán, když byl kamenován, aby pak zemřel jako mučedník, k Pánu slovy: *„Pane Ježíši, přijmi mého ducha!"* Pak klesl na kolena a zvolal mocným hlasem: *„Pane, odpusť jim tento hřích!"*

A ve Skutcích 4:23-24; 31 čteme: *„Když byli Petr a Jan propuštěni, vrátili se mezi své a oznámili, co jim řekli velekněží a starší. Když to bratří uslyšeli, pozdvihli jednomyslně hlas k Bohu. Když se pomodlili, otřáslo se místo, kde byli shromážděni, a všichni byli naplněni Duchem svatým a s odvahou mluvili slovo Boží."*

Když voláte k Bohu, můžete se stát skutečným svědkem Ježíše Krista a projevovat moc Ducha svatého.

Bůh nám řekl, abychom k němu volali, i když se postíme. Jestliže trávíme mnoho času při postu spánkem z únavy, neobdržíme od Boha žádné odpovědi. Bůh v Izajáši 58:9 zaslibuje: *„Tehdy zavoláš a Hospodin odpoví, vykřikneš o pomoc a on se ozve: ‚Tu jsem!'"* Pokud podle Božího příslibu voláme, když se postíme, sestoupí na nás milost a moc shůry a my zvítězíme a dostaneme od Boha odpovědi.

Pomocí „Podobenství o neodbytné vdově" se nás Ježíš řečnicky ptá: *„Což teprve Bůh! Nezjedná on právo svým vyvoleným, kteří k němu dnem i nocí volají, i když jim s pomocí prodlévá?"* a říká nám, abychom k němu volali v modlitbě (Lukáš 18:7).

Proto, jak nám Ježíš říká v Matoušovi 5:18: *„Amen, pravím vám: ,Dokud nepomine nebe a země, nepomine ani jediné písmenko ani jediná čárka ze Zákona, dokud se všechno nestane, '"* tak když se Boží děti modlí, je pro ně pouze přirozené volat k Bohu v modlitbě. Je to Boží nařízení. Protože jeho zákon přikazuje, že máme jíst ovoce své dřiny, tak když k němu voláme, můžeme dostávat Boží odpovědi.

Někteří lidé mohou na základě prohlášení v Matoušovi 6:6-8 namítnout a ptát se: „Musíme volat k Bohu, když dříve než ho poprosíme, on už ví, co potřebujeme?" nebo „Proč máme volat k Bohu, když Ježíš řekl, abychom se modlili ve skrytu svého pokojíku se zavřenými dveřmi?" Přesto, nikde v Bibli nenajdete pasáže odkazující na lidi modlící se ve skrytu v pohodlí svého pokoje.

Skutečný význam Matouše 6:6-8 je nabádat nás, abychom se modlili z celého svého srdce. Vstupte do skrytu svého pokoje a zavřete za sebou dveře. Pokud budete v pokoji, který je soukromý a tichý se zavřenými dveřmi, nebudete odříznuti od všech venkovních kontaktů? Zrovna jako budeme odříznuti od všech přístupů zvenku do našeho vlastního pokoje se zavřenými dveřmi, Ježíš v Matoušovi 6:6-8 nám říká, abychom se oprostili od všech svých myšlenek, světského myšlení, starostí, strachu a podobně a modlili se z celého svého srdce.

Kromě toho Ježíš vyprávěl tento příběh jako lekci pro lidi, aby věděli, že Bůh nevyslýchá modlitby farizeů a knězů, kteří se za Ježíšových časů hlasitě modlili, aby je druzí viděli a chválili. Neměli bychom se pyšnit množstvím svých modliteb. Namísto toho musíme ve své modlitbě bojovat z celého svého srdce pro toho, který zkoumá naše srdce a mysl, pro Všemohoucího, který zná všechny naše potřeby a přání a toho, který je naším „vším ve všem."

Modlit se tichou modlitbu z celého svého srdce je obtížné. Zkuste se modlit při meditování v noci se zavřenýma očima. Brzy odhalíte, že místo modlení bojujete proti únavě a světským myšlenkám. Když začnete při bránění spánku slábnout, usnete dříve, než o tom budete vědět.

Namísto modliteb ve skrytu tichého pokoje si Ježíš počínal následovně: *„ V těch dnech [Ježíš] vyšel na horu k modlitbě; a celou noc se tam modlil k Bohu"* (Lukáš 6:12) a *„Časně ráno, ještě za tmy, [Ježíš] vstal a vyšel z domu; odešel na pusté místo a tam se modlil"* (Marek 1:35). Ve svém domě, kde měl v horním pokoji otevřená okna směrem k Jeruzalému, prorok Daniel třikrát za den klekal na kolena, modlil se a vzdával čest svému Bohu (Daniel 6:11). Petr vyšel na rovnou střechu domu, aby se modlil (Skutky 10:9) a apoštol Pavel, když pobýval ve

Filipách, vyšel ven za bránu k řece, protože se domníval, že tam bude modlitebna a modlil se zde (Skutky 16:13; 16). Tito lidé si stanovili konkrétní místo k modlitbě, protože se chtěli modlit z celého svého srdce. Musíte se modlit tak, aby vaše modlitba pronikla silami nepřítele ďábla, vládce nadzemského království, a dostala se až k trůnu výše. Až poté budete naplněni Duchem svatým, vaše pokušení budou odehnána a vy obdržíte odpovědi na všechny vaše problémy, ať velkého či malého rozsahu.

3) Vaše modlitba musí mít záměr

Někteří lidé sázejí stromy kvůli dobrému dřevu. Jiní zase sázejí stromy kvůli ovoci. Další mohou sázet stromy, aby jim pomohly k vytvoření krásné zahrady. Kdyby někdo sázel stromy bez nějakého konkrétního záměru, tak než mu stromky vyrostou a zestárnou, může své stromy začít zanedbávat, protože bude zcela zaujat jinou prací.

Mít jasný záměr v jakémkoli úsilí pohání toto úsilí a přináší rychlejší a lepší výsledky a úspěchy. Bez jasného záměru však úsilí nemusí odolat dokonce ani malé překážce, protože bez nasměrování zůstanou jen pochybnosti a rezignace.

Když se k Bohu modlíme, musíme mít jasný záměr. Bylo nám zaslíbeno, že od Boha obdržíme cokoliv, oč poprosíme, když nás srdce neobviňuje (1 Janův 3:21-22). A když je záměr naší modlitby jasný, budeme se moci modlit o to horlivěji a s větší vytrvalostí. Když náš Bůh vidí, že v našich srdcích není nic, z čeho bychom mohli být obviněni, je jeho vůlí poskytnout nám všechno, co potřebujeme. Vždy musíme mít na mysli záměr naší modlitby a být schopni se modlit způsobem, který se líbí Bohu.

4) Musíte se modlit s vírou

Protože se míra víry u lidí člověk od člověka liší, každý člověk obdrží Boží odpovědi podle své víry. Když lidé prvně přijmou Ježíše Krista a otevřou svá srdce, přichází Duch svatý, aby v nich přebýval a Bůh je zapečeťuje jako své děti. To je, když získají víru velikosti hořčičného zrna.

Přitom jak dodržují Hospodinův svatý den odpočinku, neustávají v modlitbách, snaží se dodržovat Boží přikázání a žít podle jeho Slova, jejich víra roste. Nicméně když čelí pokušení a utrpení dříve, než se pevně postaví na skálu víry, mohou zpochybňovat Boží moc a být občas odrazeni. Avšak jakmile se postaví na skálu víry, nespadnou s ní za žádných okolností, ale vzhlížejí s důvěrou k Bohu a neustávají v modlitbách. Bůh takovou víru vidí a bude působit pro dobro všech, kdo ho milují.

Zatímco staví modlitbu na modlitbu, budou bojovat s mocí shůry proti hříchu a podobat se našemu Pánu. Budou mít jasnou představu o vůli našeho Pána a poslouchat ji. To je víra, která se líbí Bohu a takové Boží děti získají cokoliv, oč poprosí. Jakmile se dostanou na tuto úroveň víry, zakusí příslib nalezený v Marekovi 16:17-18, který říká: *„Ty, kdo uvěří, budou provázet tato znamení: Ve jménu mém budou vyhánět démony a mluvit* *novými jazyky; budou brát hady do ruky, a vypijí-li něco smrtícího, nic se jim nestane; na choré budou vzkládat ruce a uzdraví je.* " Lidé veliké víry dostanou odpovědi podle své víry a stejně tak lidé malé víry dostanou odpovědi podle své víry.

Existuje „egocentrická víra", kterou získáte sami a „Bohem daná víra." „Egocentrická víra" není v souladu se skutkem někoho, ale Bohem daná víra je duchovní víra, kterou vždy doprovází skutek. Bible nám říká, že víra je spolehnutí se na to, v co doufáme (Židům 11:1), ale „egocentrická víra" se nestává spolehnutím. Třebaže někdo může mít víru rozdělit Rudé moře a pohnout horou, s „egocentrickou vírou" nemá příslib Božích odpovědí.

Bůh nám dává „živou víru", která je doprovázená skutky, když my, podle své vlastní víry v něho, posloucháme, projevujeme naši víru skutky a modlíme se. Když Bohu ukážeme víru, kterou již máme, tato víra se sloučí s „živou vírou", kterou nám on přidává a která se na oplátku stane velikou vírou, se kterou můžeme dostávat Boží odpovědi bez prodlení. Občas lidé zakusí nepopiratelnou jistotu Boží odpovědi. To je víra, kterou jim dává Bůh a jestliže lidé mají takovou víru, již svoje odpovědi dostali.

Proto bez nejmenších pochyb musíme vložit svou důvěru v příslib, který nám dává Ježíš v Marekovi 11:24: *„A věříte-li, dostanete všecko, oč budete v modlitbě prosit."* A musíme se modlit, dokud si nebudeme jisti Božími odpověďmi a dostaneme, oč v modlitbě poprosíme (Matouš 21:22).

5) Musíte se modlit v lásce

Židům 11:6 nám říká: *"Bez víry však není možné zalíbit se Bohu. Kdo k němu přistupuje, musí věřit, že Bůh jest a že se odměňuje těm, kdo ho hledají."* Kdybychom věřili, že na všechny naše modlitby Bůh odpoví a jsou uloženy jako naše nebeské odměny, nebylo by pro nás modlení únavné ani obtížné.

Zrovna jako Ježíš zápasil v modlitbách, aby dal lidstvu život, tak pokud se modlíme s láskou za jiné duše, můžeme se také horlivě modlit. Jestliže se dokážete modlit s upřímnou láskou za druhé, znamená to, že se dokážete vcítit do jejich kůže a vidět jejich problémy jako své vlastní, čímž se modlíte o to horlivěji.

Například, dejme tomu, že se modlíte za výstavbu modlitebny vaší církve. Musíte se modlit se stejným srdcem, s jakým byste se modlili za výstavbu svého vlastního domu. Zrovna jako byste do detailů prosili za pozemek, pracovníky, materiál a podobně pro svůj vlastní dům, musíte podrobně prosit za každý prvek a faktor nezbytný pro výstavbu modlitebny. Modlíte-li se za pacienta, musíte se nejprve vcítit do jeho kůže a zápasit v modlitbách z celého svého srdce, jakoby jeho bolest a utrpení byly vaše vlastní.

Aby obdržel Boží vůli, Ježíš obvykle poklekl a zápasil v modlitbách v lásce k Bohu a v lásce k celému lidstvu. V důsledku toho byla otevřena cesta ke spasení a každému, kdo přijme Ježíše Krista, mohou být nyní odpuštěny jeho hříchy a může se těšit z postavení, k jakému je povolán jako Boží dítě.

Na základě toho, jak se Ježíš modlil a na základě náležitostí takové modlitby, která se Bohu líbí, musíme prozkoumat náš postoj a srdce, modlit se s postojem a srdcem, které se Bohu líbí a získat tak od něho všechno, oč v modlitbě poprosíme.

Kapitola 4

Abyste neupadli do pokušení

Potom [Ježíš] přišel k učedníkům
a zastihl je v spánku.
Řekl Petrovi:
„To jste nemohli jedinou hodinu
bdít se mnou?
Bděte a modlete se,
abyste neupadli do pokušení.
Váš duch je odhodlán, ale tělo slabé."

Matouš 26:40-41

1. Modlitební život: Náš duchovní dech

Náš Bůh je živý, dohlíží nad lidským životem, smrtí, prokletím a požehnáním a nad láskou, spravedlností a dobrotou. Nechce, aby jeho děti upadly do pokušení nebo čelily utrpení, ale vedly životy plné požehnání. To je důvod, proč poslal na zemi Rádce Ducha svatého, který má pomoci jeho dětem přemoci tento svět, vyhnat nepřítele ďábla, vést zdravý a radostný život a dorazit ke spasení.

Bůh nám v Jeremjáši 29:11-12 zaslíbil následující: *„Neboť to, co s vámi zamýšlím, znám jen já sám, je výrok Hospodinův, jsou to myšlenky o pokoji, nikoli o zlu: chci vám dát naději do budoucnosti. Budete mě volat a chodit ke mně, modlit se ke mně a já vás vyslyším."*

Pokud máme žít takový život v pokoji a naději, musíme se modlit. Jestliže se během svého života v Kristu ustavičně modlíme, nebudeme pokoušeni, naší duši se bude dobře dařit, to co se zdá „nemožné", se změní v „možné", každá věc v životě půjde dobře a my se budeme těšit dobrému zdraví. Avšak pokud se Boží děti nemodlí, tak protože náš protivník ďábel obchází jako lev řvoucí a hledá, koho by pohltil, budeme čelit pokušení a setkávat se s neštěstím.

Zrovna jako z nás vyprchá život, pokud každý den nedýcháme, nedá se ani dostatečně zdůraznit důležitost modlitby v životě Božích dětí. To je důvod, proč nám Bůh nařizuje, abychom neustávali v modlitbách (1 Tesalonickým 5:17), připomíná nám, že přestat v modlitbách je hříšné (1 Samuelova 12:23) a vyučuje nás, abychom se modlili, abychom neupadli do pokušení (Matouš 26:41).

Noví věřící, kteří nedávno přijali Ježíše Krista, mají nejprve tendence k tomu si myslet, že modlit se je obtížné, protože nevědí, jak se mají modlit. Když přijmeme Ježíše Krista a dostaneme Ducha svatého, náš mrtvý duch se narodí znovu. Duchovní stav v té době je podobný stavu nemluvněte; je obtížné se modlit.

Nicméně pokud se Boží děti nevzdají, ale setrvají v modlitbách a z Božího slova si udělají denní chléb, jejich duch bude posílen a jejich modlitba bude mocnější. Zrovna jako lidé nemohou žít bez dýchání, začnou si uvědomovat, že nemohou žít bez modlitby.

Když jsem byl ještě dítě, byly děti, které mezi sebou navzájem zápasily o to, kdo nejdéle zadrží dech. Dvě děti zároveň čelily sobě navzájem a hluboce se nadechly. Když jiné dítě řeklo „Připravit se~", ty dvě děti se nadechly, co nejvíce mohly. Když „rozhodčí" zařval „Teď!", ty dvě děti s výrazy naplněnými předsevzetím zadržely svůj dech.

Zadržet dech nejprve není příliš obtížné. Jak ale čas pomalu ubíhá, děti se začnou dusit a jejich tváře červenat. Nakonec nedokážou déle zadržovat dech a jsou nuceny se nadechnout. Nikdo nemůže žít, když dojde k zástavě jeho dechu.

S modlitbou je to stejné. Když se duchovní člověk přestane modlit, nejprve nezaznamená velký rozdíl. Postupem času se však jeho srdce začne cítit sklíčené a souží se. Kdybychom mohli vidět svýma očima jeho ducha, viděli bychom, že je blízko tomu se začít dusit. Uvědomí-li si, že to všechno je způsobené tím, že se přestal modlit a vrátí se k modlitbám, může žít znovu normální křesťanský život. Avšak, bude-li pokračovat v hřešení v podobě ustání v modlitbách, jeho srdce se bude cítit tím bídněji a úzkostněji a on přejde mnoho aspektů ve svém životě pokřiveným způsobem.

„Udělat si přestávku" v modlení není Boží vůle. Zrovna jako lapáme po dechu, dokud se náš dech nevrátí do normálu, je obtížnější se vrátit do normálního modlitebního života z minula a zabere to o to více času. Čím delší byla „přestávka", tím déle zabere zotavení vašeho modlitebního života.

Lidé, kteří si uvědomují, že modlitba je dech jejich ducha, nepokládají modlení za namáhavé. Pokud mají ve zvyku se modlit způsobem, jakým vdechují a vydechují vzduch namísto toho, aby považovali modlení za namáhavé nebo obtížné, stávají se v životě pokojnějšími, více naplněnými nadějí a radostnějšími, než kdyby se nemodlili. To proto, že dostávají odpovědi od Boha a vzdávají mu slávu tak hodně, jak hodně se modlí.

2. Důvody, proč pokušení přichází na lidi, kteří se nemodlí

Ježíš nám dal příklad, jak by měla vypadat modlitba a pověděl svým učedníkům, aby byli bdělí a modlili se, aby neupadli do pokušení (Matouš 26:41). Opačně to znamená, že pokud se nemodlíme ustavičně, upadneme do pokušení. Proč tedy přichází pokušení na lidi, kteří se nemodlí?

Bůh stvořil prvního člověka Adama, udělal z něho živého tvora a umožnil mu, aby komunikoval s Bohem, který je Duchem. Potom, co Adam pojedl ze stromu poznání dobrého a zlého a neuposlechl Boha, Adamův duch zemřel, jeho komunikace s Bohem byla přerušena a on byl vyhnán ze zahrady Eden. Přitom jak se nepřítel ďábel, vládce nadzemského království, chopil vlády nad člověkem, který už nemohl komunikovat s Bohem, který je Duchem, člověk postupně a čím dál tím více nasakoval hříchem.

Protože mzdou hříchu je smrt (Římanům 6:23), Bůh odhalil svou prozíravost spasení skrze Ježíše Krista pro celé lidstvo, které bylo předurčeno ke smrti. Bůh zapečeťuje jako své dítě každého, kdo přijme Ježíše jako svého Spasitele, vyzná, že je hříšník a činí pokání. Jako projev ujištění mu Bůh dává Ducha svatého.

Rádce Duch svatý, kterého Bůh poslal usvědčit svět z viny vzhledem k hříchu, spravedlnosti a soudu (Jan 16:8), se za nás přimlouvá nevyslovitelným lkáním, které nedokážou vystihnout žádná slova (Římanům 8:26) a umožňuje nám přemoci svět.

K tomu, abychom byli naplněni Duchem svatým a získali jeho vedení, je absolutně nezbytná modlitba. Pouze když se modlíme, bude k nám Duch svatý promlouvat, hýbat naším srdcem a myslí, varovat nás před hrozícím pokušením, říkat nám o způsobech, jak se takovým pokušením vyhnout a pomůže nám překonat pokušení, i když se ubírají naším směrem.

Nicméně, bez modliteb neexistuje způsob, jak rozlišit Boží vůli od vůle člověka. Ve snaze o naplnění světských tužeb budou lidé bez běžného modlitebního života žít podle svých vlastních starých zvyků a usilovat o to, co je správné, podle své vlastní spravedlnosti. Tudíž je na ně uvaleno pokušení a utrpení, zatímco čelí všemožným těžkostem.

V Jakubově listu 1:13-15 čteme: *„Kdo prochází zkouškou, ať neříká, že ho pokouší Pán. Bůh nemůže být pokoušen ke zlému a sám také nikoho nepokouší. Každý, kdo je v pokušení, je sváděn a vában svou vlastní žádostivostí. Žádostivost pak počne a porodí hřích, a dokonaný hřích plodí smrt."*

Jinými slovy, pokušení přichází na lidi, kteří se nemodlí, protože selhávají v rozlišování Boží vůle od vůle člověka, jsou vábeni vlastními světskými tužbami a trpí těžkostmi, protože nedokážou překonat pokušení. Bůh chce, aby se všechny jeho děti naučily být za jakýchkoli okolností spokojené s tím, co mají, věděly, jaké to je mít nedostatek a jaké to je mít hojnost, a naučily se tajemství toho být spokojené v jakékoliv a každé situaci, ať syté nebo hladové, ať žijí v nadbytku nebo nedostatku (Filipským 4:11-12).

Nicméně protože světské touhy počínají a rodí hřích a mzdou hříchu je smrt, Bůh nemůže chránit lidi, kteří setrvávají v hřešení. Do té míry, do jaké lidé zhřešili, jim nepřítel ďábel přináší pokušení a utrpení. Někteří lidé, kteří upadli do pokušení, přinášejí Bohu zklamání, když prohlašují, že je Bůh uvedl do pokušení a utrpení. Nicméně, toto jsou skutky spočívající ve vytvoření si nevraživosti vůči Bohu. Takoví jedinci nemohou překonat pokušení a nenechávají Bohu žádný prostor k tomu, aby působil pro jejich dobro.

A tak nám Bůh nařizuje, abychom bořili lidské výmysly a všecko, co se v pýše pozvedá proti poznání Boha a uváděli do poddanství každou mysl, aby byla poslušna Krista (2 Korintským 10:4-5). A v Římanům 8:6-7 nám připomíná: *„Dát se vést sobectvím znamená smrt, dát se vést Duchem je život a pokoj. Soustředění na sebe je Bohu nepřátelské, neboť se nechce ani nemůže podřídit Božímu zákonu."*

Většina informací, které jsme se dozvěděli a uložili si ve své mysli jako „správné" před tím, než jsme se setkali s Bohem, je ve světle pravdy špatných. Takže když zboříme všechny teorie a tělesné myšlenky, můžeme cele následovat Boží vůli. Navíc, pokud chceme zbořit argumenty a každý záměr a poslouchat pravdu, musíme se modlit.

Občas Bůh lásky napravuje své milované děti, aby nesešly na cestu zkázy a dopouští pokušení, aby mohly činit pokání a odvrátit se od svých cest. Když lidé zkoumají sami sebe a činí pokání z něčeho v sobě, co není správné v Božích očích, setrvávají v modlitbách, vzhlížejí k tomu, který ve všech věcech působí pro dobro těch, kdo ho milují, a vždy se radují. Bůh uvidí jejich víru a jistě jim odpoví.

3. Váš duch je odhodlán, ale tělo slabé

Noc před tím, než na sebe vzal kříž, šel Ježíš se svými učedníky na místo zvané Getsemane a zápasil v modlitbách. Když zastihl své učedníky v spánku, Ježíš bědoval a řekl: *„Váš duch je odhodlán, ale tělo slabé"* (Matouš 26:41).

V Bibli jsou takové termíny jako „tělo", „věci těla" a „skutky těla." Na jednu stranu „tělo" je protiklad k „duchu" a obecně se vztahuje ke všemu, co je zkažené a mění se. To se vztahuje na každé stvoření včetně člověka předtím, než byl přeměněn pravdou, na rostliny, všechna zvířata a podobně. Na druhou stranu, „duch" se vztahuje na věci, které jsou věčné, pravdivé a neměnné.

Od Adamovy neposlušnosti se všichni muži a ženy rodí se zděděnou hříšnou přirozeností a to je původní hřích. „Námi páchané hříchy" jsou nepravdivé skutky spáchané na podnět nepřítele ďábla. Člověk se stává „tělem", když nepravda pošpiní jeho tělo a tělo je spojeno s hříšnou přirozeností. To je to, co zmiňuje Římanům 9:8 jako „tělesné děti." Verš říká: *„Dětmi Božími nejsou tělesné děti, nýbrž za potomky se považují děti zaslíbené."* A Římanům 13:14 nás varuje: *„Nýbrž oblecte se v Pána Ježíše Krista a nevyhovujte svým sklonům, abyste* *nepropadali vášním."*

Navíc, „věci těla" jsou směsicí nejrůznějších hříšných atributů jako klam, závist, žárlivost a nenávist (Římanům 8:5-8). Ještě se neuskutečnily fyzicky, ale mohou být uvedeny v čin. Když jsou tyto touhy uvedeny do pohybu, je na ně odkazováno jako na *„skutky těla"* (Galatským 5:19-21).

Co měl Ježíš na mysli, když řekl „tělo je slabé"? Odkazoval na fyzický stav svých učedníků? Jako dřívější rybáři byli Petr, Jakub a Jan muži na vrcholu svého života a těšili se dobrému zdraví. Pro lidi, kteří strávili mnoho nocí rybařením, by nemělo být žádný velký problém zůstat několik hodin v noci vzhůru. Nicméně i potom, co jim Ježíš pověděl, aby tam zůstali a bděli s ním, tito tři učedníci se nedokázali modlit, ale nakonec usnuli. Mohli se jít do Getsemane modlit s Ježíšem, ale tato touha zůstala pouze v jejich srdci. Když jim Ježíš řekl, že jejich tělo je „slabé", měl tím na mysli, že ti tři nedokázali klást odpor žádosti těla, která je lákala ke spánku a odpočinku.

Petr, který byl jedním z Ježíšových milovaných učedníků, se nedokázal modlit, protože jeho tělo bylo slabé, třebaže byl jeho duch odhodlán a když byl Ježíš chycen a Petrův život byl ohrožen, třikrát zapřel, že Ježíše zná. To se přihodilo před Ježíšovým vzkříšením a nanebevzetím, kdy byl Petr polapen velikým strachem, přičemž ještě nedostal Ducha svatého. Potom, co však Petr dostal Ducha svatého, přiváděl mrtvé k životu, projevoval zázračná znamení a zázraky a stal se natolik neohroženým, že byl ukřižován hlavou dolů. Po znameních Petrovy slabosti nebylo ani stopy, jak byl přeměněn ve statečného apoštola s Boží mocí, který se nebál smrti. To proto, že Ježíš prolil svou vzácnou, nevinnou krev bez nejmenší poskvrny a vykoupil nás z našich nemocí, chudoby a slabosti. Pokud žijeme vírou v poslušnosti Božího slova, budeme se těšit dobrému zdraví jak na těle, tak na duchu, budeme moci dělat, co je pro člověka nemožné a cokoliv pro nás bude možné.

Občas jsou však někteří lidé, kteří se dopouštějí hříchů, namísto toho, aby činili pokání ze svých hříchů, rychlí k tomu říct: „Tělo je slabé" a myslí si, že hřešit je přirozené. Takoví lidé pronášejí taková slova, protože si nejsou vědomi pravdy. Dejme tomu, že otec dal svému synovi 1000 $. Jak směšné by bylo, kdyby syn strčil peníze do kapsy a řekl svému otci: „Nemám žádné peníze, ani cent"? Jak frustrující by pro otce bylo, kdyby jeho syn – stále s 1000 $ ve své kapse – hladověl, aniž by si koupil jakékoliv jídlo? Proto pro ty z nás, kteří jsme dostali Ducha svatého, je „Tělo je slabé" oxymorón.

Viděl jsem mnoho lidí, kteří chodívali do postele ve 22 hodin v noci, a nyní potom, co se modlili a získali pomoc Ducha svatého, navštěvují „Páteční celonoční bohoslužbu." Nyní se neunaví ani nejsou ospalí a věnují každou páteční noc Bohu v plnosti Ducha svatého. To proto, že v plnosti Ducha svatého se duchovní zrak lidí stane ostřejší, jejich srdce oplývá radostí, necítí se unaveně a jejich tělo se cítí lehčí.

Protože žijeme v éře Ducha svatého, nesmíme nikdy ochabnout v modlitbách nebo se dopustit hříchu kvůli tomu, že „tělo je slabé." Namísto toho tím, že se udržíme bdělí a ustavičně se modlíme, musíme obdržet pomoc Ducha svatého, zavrhnout věci a skutky těla a podobně, a horlivě vést své životy v Kristu tak, že vždy žijeme podle Boží vůle pro nás.

4. Požehnání pro lidi, kteří se udržují bdělí a na modlitbách

1 Petrův 5:8-9 nám říká: *„Buďte střízliví! Buďte bdělí! Váš protivník, ďábel, obchází jako 'lev řvoucí' a hledá, koho by pohltil. Vzepřete se mu, zakotveni ve víře, a pamatujte, že vaši bratří všude ve světě procházejí týmž utrpením jako vy."* Nepřítel ďábel a satan, vládce nadzemského království, usiluje o to nalákat věřící v Boha, aby sešli na scestí a zabránit Božímu lidu získat víru pokaždé, když se k tomu naskytne příležitost.

Pokud chce někdo vykořenit strom, nejprve se pokusí s ním zatřást. Jestliže je kmen velký a silný a strom je zakořeněný příliš hluboko v zemi, vzdá to a pokusí se zatřást jiným stromem. Když se zdá, že se dá druhý strom vykořenit snadněji než první, stane se tím odhodlanější a zatřese stromem ještě prudčeji. Ze stejného důvodu, pokud zůstaneme pevní, bude nepřítel ďábel, který se nás snaží zlákat, vyhnán. Pokud však budeme byť jen trochu otřeseni, nepřítel ďábel bude setrvávat v tom přinést na nás pokušení, aby nás srazil.

Abychom rozlišili a zničili intriky nepřítele ďábla a kráčeli ve světle životem podle Božího slova, musíme bojovat v modlitbách, získat moc shůry a sílu, kterou dává jen Bůh. Ježíš, jediný Boží Syn, mohl všechno dokonat podle Boží vůle jen z moci modlitby. Předtím než začal svou veřejnou službu, se Ježíš připravil tím, že držel čtyřicet dní a čtyřicet nocí půst a během své tříleté služby projevoval úžasné skutky Boží moci proto, že se pravidelně a ustavičně modlil. Na konci své veřejné služby Ježíš mohl zničit autoritu smrti a projít vzkříšením, protože zápasil v modlitbách v Getsemane. To je důvod, proč nás náš Pán nabádá: *„V modlitbách buďte vytrvalí, bděte a děkujte Bohu"* (Koloským 4:2) a *„Konec všech věcí je blízko. Žijte proto rozumně a střízlivě, abyste byli pohotoví k modlitbám"* (1 Petrův 4:7). Také nás vyučoval, abychom se modlili: *„A nevydej nás v pokušení, ale vysvoboď nás od zlého"* (Matouš 6:13). Chránit se před upadnutím do pokušení je mimořádně důležité. Pokud upadnete do pokušení, znamená to, že jste ho nepřekonali, slábnete a scvrkáváte se ve své víře – nic z toho se Bohu nelíbí.

Když jsme bdělí a modlíme se, Duch svatý nás učí chodit po správné cestě, bojujeme proti svým hříchům a odhazujeme je. Navíc do té míry, do jaké se naší duši dobře daří, se naše srdce bude podobat srdci Pána, povede se nám dobře v každé věci v životě a získáme požehnání dobrým zdravím.

Modlitba je klíčem k tomu, aby šlo všechno v našem životě dobře a aby se nám dostalo požehnání v podobě dobrého zdraví na těle i na duchu. V 1. listu Janově 5:18 nám bylo zaslíbeno: *„Víme, že nikdo, kdo se narodil z Boha, nehřeší, ale Syn Boží jej chrání a Zlý se ho ani nedotkne."* To je důvod, proč když jsme bdělí, modlíme se a chodíme ve světle, budeme ochráněni před nepřítelem ďáblem a i když upadneme do pokušení, Bůh nám ukáže směr, jak uniknout a ve všech věcech bude působit pro dobro těch z vás, kteří ho milují.

Protože nám Bůh řekl, abychom se neustále modlili, musíme se stát jeho požehnanými dětmi, které vedou své životy v Kristu tak, že jsou bdělé, vyhánějí nepřítele ďábla a dostávají všechno, čím jim Bůh zamýšlí požehnat.

V 1 Tesalonickým 5:23 najdeme: *„Sám Bůh pokoje nechť vás cele posvětí a zachová vašeho ducha, duši i tělo bez úrazu a poskvrny do příchodu našeho Pána Ježíše Krista."*

Kéž každý z vás dostane pomoc Ducha svatého proto, že je bdělý a pravidelně se modlí, získá jako Boží dítě srdce bez viny a bez poskvrny zavržením všech hříšných vlastností v sobě a obřezáním svého srdce Duchem svatým, užívá si postavení Božího dítěte, ve kterém se vaší duši dobře daří, ve všem ve svém životě jste úspěšní, získáte požehnání dobrým zdravím a vzdáte Bohu slávu vším, co děláte. Takto se modlím ve jménu našeho Pána Ježíše Krista!

Kapitola 5

Vroucí modlitba spravedlivého

Velkou moc má vroucí
modlitba spravedlivého.
Eliáš byl člověk jako my,
a když se naléhavě modlil, aby nepršelo,
nezapršelo v zemi po tři roky a šest měsíců.
A opět se modlil,
a nebe dalo déšť a země přinesla úrodu.

Jakubův list 5:16-18

1. Modlitba víry, která zachrání nemocného

Když se podíváme na své životy zpětně, byly doby, kdy jsme se modlili vprostřed utrpení a doby, kdy jsme chválili Boha a radovali se potom, co jsme dostali Boží odpovědi. Byly doby, kdy jsme se modlili s druhými za uzdravení jejich milovaných a doby, kdy jsme vzdávali Bohu slávu potom, co jsme modlitbami dosáhli toho, co bylo pro člověka nemožné.

V 11. kapitole knihy Židům je mnoho zmínek ohledně víry. Ve verši 1 je nám připomínáno: *„Věřit Bohu znamená spolehnout se na to, v co doufáme, a být si jist tím, co nevidíme,"* zatímco *„Bez víry však není možné zalíbit se Bohu. Kdo k němu přistupuje, musí věřit, že Bůh jest a že se odměňuje těm, kdo ho hledají"* (Verš 6).

Víra je převážně rozdělena na „tělesnou víru" a „duchovní víru." Na jednu stranu, tělesnou vírou dokážeme věřit v Boží slovo pouze tehdy, když je ve shodě s naším myšlením. Tato tělesná víra nepřináší do našich životů žádné změny. Na druhou stranu, duchovní vírou můžeme věřit v moc živého Boha a Boží slovo tak jak je, i když není ve shodě s naším myšlením a teoriemi. Zatímco věříme v působení Boha, který dokáže stvořit věci z ničeho, zakoušíme v našich životech konkrétní změny stejně jako jeho zázračná znamení a zázraky a začínáme věřit, že všechno je opravdu možné pro ty, kdo věří.

Proto nám Ježíš řekl: *„Ty, kdo uvěří, budou provázet tato*

znamení: Ve jménu mém budou vyhánět démony a mluvit novými jazyky; budou brát hady do ruky, a vypijí-li něco smrtícího, nic se jim nestane; na choré budou vzkládat ruce a uzdraví je" (Marek 16:17-18), *„Všechno je možné tomu, kdo věří"* (Marek 9:23) a: *„Proto vám pravím: ,Věřte, že všecko, oč v modlitbě poprosíte, je vám dáno a budete to mít'"* (Marek 11:24).

Jak můžeme získat duchovní víru a zkušenosti z první ruky co se týče veliké moci našeho Boha? Nade vše jiné musíme pamatovat na to, že apoštol Pavel řekl ve 2 Korintským 10:4-5: *„Jimi boříme lidské výmysly a všecko, co se v pýše pozvedá proti poznání Boha. Uvádíme do poddanství každou mysl, aby byla poslušna Krista."* Poznání, které jsme nashromáždili až doteď, nesmíme mít nadále za pravdivé. Namísto toho máme zničit každou myšlenku a teorii, které přestupují Boží slovo, máme být poslušni jeho Slovu pravdy a žít podle něj. Do té míry, do jaké zničíme tělesné myšlenky a zavrhneme nepravdu v sobě, se bude naší duši dobře dařit a získáme duchovní víru, se kterou můžeme věřit.

Duchovní víra je míra víry, kterou dal Bůh každému z nás (Římanům 12:3). Potom, co nám bylo zpočátku kázáno evangelium a přijali jsme Ježíše Krista, je naše víra malá jako hořčičné zrno. Přitom jak pokračujeme v horlivém navštěvování bohoslužeb, posloucháme Boží slovo a žijeme podle něj, stáváme se tím spravedlivějšími. Navíc, jak naše víra roste ve větší víru, budou nás zajisté doprovázet znamení, která doprovázejí ty, kdo věří.

Při modlitbě za uzdravení nemocného musí být do takové modlitby vložena duchovní víra těch, kdo se modlí. Co se týče setníka uvedeného v 8. kapitole Matouše – jehož sluha ležel doma ochrnutý a hrozně trpěl – ten měl víru, kterou věřil, že jeho sluha bude uzdraven, jestliže Ježíš řekne slovo a jeho sluha byl skutečně v té chvíli uzdraven (Matouš 8:5-13).

Kromě toho, když se modlíme za nemocného, musíme být ve své víře odvážní a nepochybovat, protože jak nám říká Boží slovo: *„Nechť však prosí s důvěrou a nic nepochybuje. Kdo pochybuje, je podoben mořské vlně, hnané a zmítané vichřicí. Ať si takový člověk nemyslí, že od Pána něco dostane"* (Jakubův list 1:6-7).

Bohu se líbí pevná a stálá víra, která se nenaklání ani dozadu ani dopředu a když se sjednotíme v lásce a modlíme se s vírou za nemocné, Bůh působí o to více. Protože je nemoc důsledkem hříchu a Bůh je Hospodin náš Uzdravovatel (Exodus 15:26), tak když vyznáváme své hříchy jeden druhému a modlíme se jeden za druhého, Bůh nám dává odpuštění a uzdravení.

Když se modlíte s duchovní vírou a v duchovní lásce, zakusíte úžasné Boží působení, budete svědčit o lásce našeho Pána a uctívat ho.

2. Mocná a vroucí modlitba spravedlivého

Podle *Merriam-Websterova slovníku (The Merriam-Webster Dictionary)* je spravedlivý člověk ten, který „jedná ve shodě s božským nebo morálním zákonem; člověk bez viny či hříchu." Avšak Římanům 3:10 nám říká, že: *„Nikdo není spravedlivý, není ani jeden."* A Bůh říká: *„Před Bohem nejsou spravedliví ti, kdo zákon slyší; ospravedlněni budou, kdo zákon svými činy plní"* (Římanům 2:13) a: *„Vždyť ze skutků zákona ,nebude před ním nikdo ospravedlněn', neboť ze zákona pochází poznání hříchu"* (Římanům 3:20).

Skrze neposlušnost prvního stvořeného člověka, Adama, vešel do světa hřích a bezpočet lidí se skrze hřích jednoho člověka dostal k odsouzení (Římanům 5:12, 18). Lidstvu, které odpadlo od Boží slávy, byla odděleně od zákona zjevena Boží spravedlnost a i Boží spravedlnost přichází skrze víru v Ježíše Krista ke všem, kteří věří (Římanům 3:21-23).

Protože „spravedlnost" tohoto světa kolísá podle hodnot každé generace, nemůže být skutečným standardem spravedlnosti. Nicméně protože Bůh se nikdy nemění, jeho spravedlnost může být standardem skutečné spravedlnosti.

Proto v Římanům 3:28 čteme: *„Jsme totiž přesvědčeni, že se člověk stává spravedlivým vírou bez skutků zákona."* Přesto naší vírou nerušíme zákon, ale spíše zákon potvrzujeme (Římanům 3:31).

Pokud jsme ospravedlněni vírou, musíme nést ovoce dosažením svatosti tím, že jsme osvobozeni od hříchu a stáváme se Božími otroky. Musíme usilovat o to, abychom byli skutečně spravedliví, a to zavržením jakýchkoliv nepravd, které přestupují Boží slovo a životem podle jeho Slova, pravdy samotné.

Bůh pokládá za „spravedlivé" ty lidi, jejichž víra je doprovázená skutky a kteří usilují o to žít podle jeho Slova každý boží den. Své působení projevuje odpověďmi na jejich modlitby. Jak Bůh odpovídá tomu, kdo navštěvuje církev, ale vystavěl si hradbu z hříchů mezi sebou a Bohem svou neposlušností rodičů, neshodami se svými bratry a dopouštěním se špatností?

Bůh činí modlitbu spravedlivého – toho, který poslouchá Boží slovo, žije podle něho a nese s sebou důkaz své lásky k Bohu – mocnou a vroucí tím, že mu dá sílu modlitby.

V Lukášovi 18:1-18 je podobenství o neodbytné vdově. Zachycuje vdovu a případ, kdy předstupovala před soudce, který se nebál Boha a z lidí si nic nedělal. Třebaže se soudce ani nebál Boha ani se moc nestaral o lidi, nakonec to s ním dopadlo tak, že vdově pomohl. Soudce si řekl: *„I když se Boha nebojím a z lidí si nic nedělám, dopomohu jí k právu, poněvadž mi nedává pokoj. Jinak mi sem stále bude chodit a nakonec mě umoří"* (Verše 4-5).

Na konci tohoto podobenství Ježíš řekl: *„Všimněte si, co praví ten nespravedlivý soudce! Což teprve Bůh! Nezjedná on právo svým vyvoleným, kteří k němu dnem i nocí volají, i když* *jim s pomocí prodlévá? Ujišťuji vás, že se jich brzo zastane"* (Lukáš 18:6-8).

Když se však podíváme okolo, existují lidé, kteří prohlašují, že jsou Božími dětmi, modlí se ve dne v noci a často se postí, avšak nedostávají odpovědi. Takoví jedinci si musí uvědomit, že se ještě v Božích očích nestali spravedlivými.

Filipským 4:6-7 nám říká: *„Netrapte se žádnou starostí, ale v každé modlitbě a prosbě děkujte a předkládejte své žádosti Bohu. A pokoj Boží, převyšující každé pomyšlení, bude střežit vaše srdce i mysl v Kristu Ježíši."* V závislosti na tom, jak moc se někdo stal „spravedlivým" v Božích očích a modlí se s vírou a láskou, se liší stupeň, do jakého získá Boží odpovědi. Potom, co splní předpoklady jako spravedlivý člověk a modlí se, může rychle obdržet Boží odpovědi a vzdát Bohu slávu. Proto je pro lidi nejdůležitější, aby strhli hradby z hříchů, které jim stojí v cestě k Bohu, získali předpoklady, aby mohli být prohlášeni za „spravedlivé" v Božích očích a horlivě se modlili s vírou a láskou.

3. Dar a moc

„Dary" jsou Boží dárky, které Bůh dává zadarmo a vztahují se na konkrétní Boží působení v Boží lásce. Čím více se člověk modlí, tím více bude toužit a prosit o Boží dar. Občas však může prosit Boha o dar v souladu se svými nečestnými touhami. Tím na sebe přináší zkázu a protože to není správné v Božích očích, člověk se proti tomu musí chránit.

V 8. kapitole Skutků je čaroděj jménem Šimon, který potom, co mu Filip zvěstoval evangelium, Filipa všude následoval a byl překvapen velikými znameními a zázraky, které viděl (Verše 9-13). Když Šimon viděl, že ten na koho apoštolové Petr a Jan vloží ruce, dostává Ducha svatého, nabídl jim peníze a požádal je: *„Dejte i mně tu moc, aby Ducha svatého dostal každý, na koho vložím ruce"* (Verše 17-19). V odpověď Petr Šimona napomenul: *„Tvé peníze ať jsou zatraceny i s tebou: Myslil sis, že se Boží dar dá získat za peníze! Tato moc není pro tebe a nemůžeš mít na ní podíl, neboť tvé srdce není upřímné před Bohem. Odvrať se proto od této své ničemnosti a pros Boha; snad ti odpustí, co jsi zamýšlel. Vidím, že jsi pln hořké závisti a v zajetí nepravosti"* (Verše 20-23).

Protože dary jsou dány těm, kteří ukazují na živého Boha a zachraňují lidstvo, musí se projevovat pod dohledem Ducha svatého. Tudíž před tím, než poprosíme Boha o jeho dary, musíme nejprve usilovat o to, abychom se stali spravedlivými v jeho očích.

Potom, co se naší duši dobře daří a my jsme sami sebe zformovali v nástroj, který může Bůh používat, on sám nám umožňuje prosit o dary v inspiraci Duchem svatým a dává nám dary, o které prosíme.

Víme, že každého z našich praotců víry si Bůh používal pro řadu záměrů. Někteří do velké míry projevovali Boží moc, jiní výhradně prorokovali bez projevů Boží moci a další zase výhradně vyučovali lid. Čím více dosáhli úplné víry a lásky, tím větší moc jim Bůh dal a nechal je projevovat větší skutky.

Když ještě Mojžíš žil jako egyptský princ, měl tak prchlivý a prudký temperament, že v okamžiku zabil Egypťana, který špatně zacházel s jeho bratry Izraelity (Exodus 2:12). Po mnoha zkouškách se však Mojžíš stal velmi pokorným člověkem, nejpokornějším ze všech lidí na zemi a poté obdržel velikou moc. Potom, co projevil různá znamení a zázraky, vyvedl Izraelity z Egypta (Numeri 12:3).

Také známe modlitbu proroka Elijáše, jak je zapsána v Jakubově listu 5:17-18: *„Eliáš byl člověk jako my, a když se naléhavě modlil, aby nepršelo, nezapršelo v zemi po tři roky a šest měsíců. A opět se modlil, a nebe dalo déšť a země přinesla úrodu."*

Jak jsme viděli a jak nám říká Bible, modlitba spravedlivého je mocná a vroucí. Síla a moc spravedlivého se rozlišují. Zatímco existuje druh modliteb, kterými lidé nedokážou získat Boží odpověď ani po nesčetných hodinách modlení, existuje rovněž modlitba veliké síly, která sesílá dolů Boží odpovědi stejně jako projev Boží moci. Bohu se líbí přijímat modlitby víry, lásky a oběti, a umožňuje lidem, aby mu vzdávali slávu skrze různé dary a moc, které lidem dává.

Nicméně, nebyli jsme spravedliví od počátku. Až potom, co jsme přijali Ježíše Krista, jsme se stali spravedlivými skrze víru. Spravedlivými se stáváme do té míry, do jaké si uvědomujeme hřích posloucháním jeho Slova, zavrhujeme nepravdu a naší duši se dobře daří. Kromě toho, protože se budeme měnit ve spravedlivější lidi do té míry, do jaké žijeme a chodíme ve světle a ve spravedlnosti, každý den našeho života musí Bůh změnit, takže můžeme rovněž vyznat takovým způsobem, jakým to vyznal Pavel: *„Den ze dne hledím smrti do tváře"* (1 Korintským 15:31).

Nabádám každého z vás, aby se zpětně podíval na svůj život, který vedl až doteď a podíval se, zda mu na cestě k Bohu nestojí hradby a pokud ano, aby je bez prodlení strhl.

Kéž každý z vás poslouchá vírou, obětuje se v lásce a modlí se jako spravedlivý člověk, takže budete prohlášeni za spravedlivé, obdržíte Boží požehnání ve všem, co budete dělat a vzdáte bez výhrad Bohu slávu. Takto se modlím ve jménu našeho Pána Ježíše Krista!

Kapitola 6

Shodnou-li se dva z vás na zemi

Opět vám pravím,
shodnou-li se dva z vás na zemi
v prosbě o jakoukoli věc,
můj nebeský Otec
jim to učiní.
Neboť kde jsou dva nebo tři
shromážděni ve jménu mém,
tam jsem já uprostřed nich.

Matouš 18:19-20

1. Bohu se líbí přijímat modlitby ve shodě

Jedno korejské přísloví nám říká: „I list papíru se zdá lehčí, když jej zvedají dva dohromady." Místo toho izolovat se a snažit se dělat všechno sám nás toto prastaré rčení učí, že když dva lidé pracují dohromady, efektivita roste a dá se očekávat lepší výsledek. Křesťanství, které klade důraz na lásku k bližnímu a církevní společenství, musí být v tomto ohledu dobrým příkladem.

Kazatel 4:9-12 nám říká: „*Lépe dvěma než jednomu, mají dobrou mzdu ze svého pachtění. Upadne-li jeden, druh jej zvedne. Běda samotnému, který upadne; pak nemá nikoho, kdo by ho zvedl. Také leží-li dva pospolu, je jim teplo; jak se má však zahřát jeden? Přepadnou-li jednoho, postaví se proti nim oba. A nit trojitá se teprv nepřetrhne!*" Tyto verše nás učí, že když se lidé sjednotí a spolupracují, může to vést k veliké moci a radosti.

Ze stejného důvodu nám Matouš 18:19-20 říká, jak důležité je pro věřící sejít se a modlit se ve shodě. Existuje „modlitba jednotlivce", kterou se lidé modlí za své vlastní problémy na individuálním základě nebo se modlí, zatímco meditují nad Slovem v tichém čase, a „modlitba ve shodě", skrze kterou se shromáždí množství lidu, aby volali k Bohu.

Jak nám Ježíš říká „shodnou-li se dva z vás na zemi" a „kde jsou dva nebo tři shromážděni ve jménu mém", modlitba ve shodě se vztahuje na modlitbu mnoha v jedné mysli. Bůh nám říká, že se mu líbí přijímat modlitby ve shodě a zaslibuje nám, že učiní cokoliv, oč ho poprosíme a bude přítomný, když se dva nebo tři shromáždí ve jménu našeho Pána.

Jak můžeme vzdát Bohu slávu za odpovědi, které od něj obdržíme prostřednictvím modlitby ve shodě doma nebo v církvi a v rámci naší skupinky nebo buňky? Ponořme se do významu a metod modliteb ve shodě a učiňme chléb z jejich moci, abychom mohli od Boha získat cokoliv, zatímco se modlíme za jeho království, spravedlnost a církev a uctíváme ho.

2. Význam modliteb ve shodě

V prvním z veršů, na kterých je kapitola založena, nám Ježíš říká: *„Opět vám pravím, shodnou-li se dva z vás na zemi v prosbě o jakoukoli věc, můj nebeský Otec jim to učiní"* (Matouš 18:19). Zde najdeme něco poněkud zvláštního. Proč Ježíš namísto odkázání na modlitbu „jednoho člověka", „tří lidí" nebo „dvou či více lidí" konkrétně řekl: „shodnou-li se dva z vás na zemi v prosbě o jakoukoli věc" a položil důraz na „dva" lidi?

„Dva z vás" zde znamená, v asociovaných pojmech, každé z našich „já" a zbytek lidí. Jinými slovy, „dva z vás" se mohou vztahovat na jednu osobu, deset lidí, sto lidí nebo tisíc lidí, mimo toho jednoho.

Jaký je tedy duchovní význam výrazu „dva z vás"? Máme

své vlastní „já" a v nás přebývá Duch svatý se svým vlastním charakterem. Jak čteme v Římanům 8:26: *„Tak také Duch přichází na pomoc naší slabosti. Vždyť ani nevíme, jak a za co se modlit, ale sám Duch se za nás přimlouvá nevyslovitelným lkáním,"* Duch svatý, který se sám za nás přimlouvá, činí z našeho srdce chrám, ve kterém přebývá.

Když nejprve uvěříme a přijmeme Ježíše jako svého Spasitele, získáváme postavení, ve kterém jsme nazváni Božími dětmi. Duch svatý pak přichází a oživuje našeho ducha, který byl mrtvý kvůli našemu prvotnímu hříchu. Proto je v každém z Božích dětí jeho vlastní srdce a Duch svatý se svým vlastním charakterem.

„Dva lidé na zemi" znamená modlitbu našeho vlastního srdce a modlitbu našeho ducha, což je přímluva Ducha svatého (1 Korintským 14:15; Římanům 8:26). Říct „shodnou-li se dva lidé na zemi v prosbě o jakoukoli věc" znamená, že tyto dvě modlitby jsou Bohu předneseny ve shodě. Kromě toho, když se Duch svatý připojí k jednomu člověku v jeho modlitbě nebo ke dvěma nebo více lidem v jejich modlitbách, je to protože „dva z vás" na zemi se shodnou v prosbě o jakoukoli věc.

Pamatováním na význam modlitby ve shodě pak musíme zakusit plnost Pánova příslibu: *„Opět vám pravím, shodnou-li se dva z vás na zemi v prosbě o jakoukoli věc, můj nebeský Otec jim to učiní"* (Matouš 18:19).

3. Metody modliteb ve shodě

Bohu se líbí přijímat modlitby ve shodě, rychle na takové modlitby odpovídá a projevuje své úžasné působení, protože se k němu lidé modlí jedním srdcem.

Bude-li se Duch svatý a každý z nás modlit jedním srdcem, zajisté to bude zdrojem přetékající radosti, pokoje a nesmírné slávy vzdané Bohu. Budeme moci seslat dolů „odpověď v podobě ohně" a bezvýhradně svědčit o živém Bohu. Avšak stát se „jedním srdcem" není jednoduchý úkol a přivést naše srdce ke shodě si v sobě nese velmi významný důsledek.

Dejme tomu, že sluha má dva pány. Nebudou jeho loajalita a srdce služebníka přirozeně rozdělené? Problém se stává o to vážnějším, o co mají dva pánové tohoto sluhy rozdílné osobnosti a vkus.

Opět předpokládejme, že se sejdou dva lidé, aby si udělali plány na večer. Avšak jestliže neuspějí v tom být jedné mysli a namísto toho zůstanou rozděleni ve svých vlastních názorech, bude bezpečnější to ukončit s tím, že se věci příliš nedaří. Kromě toho, pokud tito dva dělali svůj vlastní úkol se dvěma různými cíly v srdci, jejich plánování se může navenek jevit jako, že šlo dobře, ale výsledek nemůže být zřejmější. Proto je schopnost být jednoho srdce, ať už se modlíme sami, s druhou osobou nebo se dvěma či více lidmi, klíčem k získání Boží odpovědi.

Jak tedy můžeme být v modlitbě jednoho srdce?

Lidé modlící se ve shodě, se musí modlit inspirováni Duchem svatým, v zajetí Ducha svatého, stát se jedním v Duchu svatém a modlit se v Duchu svatém (Efezským 6:18). Protože Duch svatý s sebou nese mysl Boha, zkoumá všechny věci i hlubiny Boží (1 Korintským 2:10) a přimlouvá se za nás podle Boží vůle (Římanům 8:27). Když se modlíme způsobem, jakým naši mysl vede Duch svatý, Bůh rád naši modlitbu přijímá, dává nám, oč prosíme a dokonce odpovídá na touhy našeho srdce.

Abychom se modlili v plnosti Ducha svatého, musíme bez nejmenších pochyb věřit v Boží slovo, zachovávat ho v pravdě, vždy se radovat, ustavičně se modlit a vzdávat díky za všech okolností. Musíme rovněž ze srdce volat k Bohu. Když ukážeme Bohu víru, která je doprovázená skutky a zápasíme v modlitbách, Bohu se to líbí a dává nám skrze Ducha svatého radost. Tomu se říká „být naplněn" a „být inspirován" Duchem svatým.

Někteří noví věřící nebo ti, kdo se nemodlí pravidelně, ještě neobdrželi moc modlitby, a tudíž mají tendence pokládat modlitbu ve shodě za namáhavou a obtížnou. Jestliže se takoví jednotlivci pokoušejí modlit hodinu, snaží se přijít s všemožnými modlitebními náměty, přesto nejsou schopni se modlit celou hodinu. Slábnou a vyčerpávají se, úzkostlivě se dívají, jak ubíhá čas a končí blábolením v modlitbě. Taková modlitba je „modlitba duše", na kterou Bůh neodpovídá.

U mnoha lidí je jejich modlitba, třebaže navštěvovali církev déle než jednu celou dekádu, stále modlitbou duše. Co se týče většiny lidí, kteří si stěžují nebo jsou znechucení kvůli nedostatku Božích odpovědí, nemohou dostat odpovědi od Boha, protože jejich modlitba je modlitbou duše. To ale neznamená, že se Bůh k jejich modlitbám otočil zády. Bůh slyší jejich modlitby, pouze na ně nemůže odpovědět.

Někteří se mohou ptát: „Znamená to, že je marné se modlit, protože se modlíme, aniž bychom byli inspirováni Duchem svatým?" Tak to však není. I když se modlí pouze ve svých myšlenkách, tak zatímco horlivě volají k Bohu, brány modlitby se otevřou a oni obdrží moc modlitby a začnou se modlit v duchu. Bez modlitby nemohou být brány modlitby otevřeny. Protože Bůh naslouchá i modlitbě duše, tak jakmile se brány modlitby otevřou, sjednotíte se s Duchem svatým, začnete se modlit inspirováni Duchem svatým a dostanete odpovědi, o které jste prosili v minulosti.

Dejme tomu, že máme syna, který nedělal svému otci radost. Protože syn nedokázal potěšit svého otce skutky, nemohl od svého otce dostat nic, oč ho prosil. Přesto, jednoho dne začal syn dělat svému otci radost skutky a otcovu srdci začal být jeho syn velmi milý. Jak nyní začne otec se svým synem jednat? Pamatujte, že jejich vztah už není tím, čím býval v minulosti. Otec si nyní přeje dát svému synovi všechno, oč ho v poslední době prosil a syn dostane i ty věci, o které prosil v minulosti.

Ze stejného důvodu, i když naše modlitba vychází z našich

vlastních myšlenek, tak když se myšlenky navrší, obdržíme moc modlitby a začneme se modlit způsobem, jaký se líbí Bohu, přičemž se pro nás brány modlitby otevřou. Rovněž obdržíme i věci, o které jsme prosili Boha v minulosti a uvědomíme si, že Bůh neopominul ani jedinou triviální položku z našich modliteb.

Navíc, když se modlíme v duchu v plnosti Ducha svatého, nezeslábneme ani nepodlehneme spánku nebo světským myšlenkám, ale modlíme se s vírou a s radostí. Tak se i skupina lidí může modlit ve shodě, protože se modlí v duchu a v lásce jednou myslí a jednou vůlí.

Ve druhém z veršů, na kterém je kapitola založena, čteme: *„Neboť kde jsou dva nebo tři shromážděni ve jménu mém, tam jsem já uprostřed nich"* (Matouš 18:20). Když se lidé společně sejdou, aby se modlili ve jménu Ježíše Krista, Boží děti, které obdržely Ducha svatého, se v podstatě modlí ve shodě, a náš Pán bude zajisté tam, kde jsou ony. Jinými slovy, když se shromáždí skupina lidí, kteří obdrželi Ducha svatého, a modlí se ve shodě, náš Pán bude dohlížet na mysl každého člověka, sjednotí je Duchem svatým a povede je, aby byli jedné mysli a jejich modlitby se líbily našemu Bohu.

Nicméně pokud se skupina lidí nedokáže společně sejít a být jednoho srdce, skupina jako celek se nemůže modlit ve shodě nebo se modlit ze srdce každého účastníka, třebaže se modlí za společný cíl, protože srdce jednoho účastníka není ve shodě se srdcem druhého ve skupině. Jestliže se srdce přítomných lidí nedokážou sjednotit v jedno, vedoucí by měl vést čas chval a pokání, aby se srdce shromážděných lidí mohlo stát v Duchu svatém jedním.

Náš Pán bude s modlícími se lidmi, když se stanou jedním v Duchu svatém, zatímco bude dohlížet a vést srdce každého zúčastněného jednotlivce. Když nejsou modlitby lidí ve shodě, musíme být srozuměni s tím, že náš Pán nemůže být s takovými jedinci.

Pokud se lidé stanou jedním v Duchu svatém a modlí se ve shodě, všichni se budou modlit ze svého srdce, budou naplněni Duchem svatým, potit se na těle a budou v podobě návalu radosti zahalující je shůry ujištěni Božími odpověďmi o tom, oč prosili. Náš Pán pak bude s lidmi, kteří se takovýmto způsobem modlí, a takové modlitby jsou těmi pravými, které se Bohu líbí.

Doufám, že modlitbami ve shodě v plnosti Ducha svatého a ze srdce každý z vás obdrží cokoliv, oč v modlitbě poprosí, a tudíž budete moci vzdát Bohu slávu, když se s ostatními z vaší buňky nebo skupinky, doma nebo v církvi shromáždíte.

Veliká moc modliteb ve shodě

Jednou z výhod modliteb ve shodě je rozdíl v rychlosti, ve které lidé dostávají od Boha odpovědi a v druhu působení, které Bůh projevuje, protože například existuje drastický rozdíl ve kvantitě modliteb mezi 30minutovými modlitbami jednoho člověka s jednou prosbou a 30minutovými modlitbami deseti lidí se stejnou prosbou. Když se lidé modlí ve shodě a Bohu se líbí přijímat jejich modlitby, zakusí nepopiratelný projev Božího působení a velikou moc svých modliteb.

Ve Skutcích 1:12-15 nalézáme, že potom, co byl náš Pán vzkříšen a vystoupil na nebesa, skupina lidí včetně jeho učedníků se ustavičně spojovala dohromady v modlitbách. Množství lidí v této skupině bylo okolo sto dvaceti. V horlivé naději získání Ducha svatého, kterého jim Ježíš zaslíbil, se tito lidé shromažďovali k modlitbám ve shodě až do dne letnic.

Když nastal den letnic, byli všichni shromážděni na jednom místě. Náhle se strhl hukot z nebe, jako když se žene prudký vichr, a naplnil celý dům, kde byli. A ukázaly se jim jakoby ohnivé jazyky, rozdělily se a na každém z nich spočinul jeden; všichni byli naplněni Duchem svatým a začali ve vytržení mluvit jinými jazyky, jak jim Duch dával promlouvat (Skutky 2:1-4).

Jak úžasné je toto Boží působení? Přitom, jak se modlili ve shodě, každý ze sto dvaceti shromážděných lidí obdržel Ducha svatého a začali mluvit jinými jazyky. Apoštolové rovněž obdrželi velikou moc od Boha, takže množství lidí, kteří přijali Ježíše Krista prostřednictvím Petrova slova a byli pokřtěni, zaujímalo téměř na tři tisíce lidí (Skutky 2:41). Protože se skrze apoštoly stalo mnoho zázraků a zázračných znamení, množství těch, kteří uvěřili, den za dnem rostlo a začal se také měnit život věřících

(Skutky 2:43-47).

Když [vládci, starší a zákoníci] viděli odvahu Petrovu i Janovu a shledali, že jsou to lidé neučení a prostí, žasli; poznávali, že jsou to ti, kteří bývali s Ježíšem. A když viděli, že ten uzdravený člověk tam stojí s nimi, neměli, co by na to řekli (Skutky 4:13-14).

Mezi lidem se rukama apoštolů událo mnoho znamení a divů. Všichni se svorně scházeli v Šalomounově sloupoví a nikdo jiný se neodvažoval k nim přidružit, ale lid je chválil a ctil. A stále přibývalo mnoho mužů i žen, kteří uvěřili Pánu. Dokonce vynášeli nemocné i na ulici a kladli je na lehátka a na nosítka, aby na některého padl aspoň Petrův stín, až půjde kolem. Také z ostatních míst v okolí Jeruzaléma se scházelo množství lidí; přinášeli nemocné a sužované nečistými duchy a všichni byli uzdravováni (Skutky 5:12-16).

Byla to moc modliteb ve shodě, která zmocnila apoštoly statečně zvěstovat Slovo, uzdravovat slepé, postižené a slabé, oživovat mrtvé, uzdravovat všemožné nemoci a vyhánět zlé duchy.

Následuje zpráva o Petrovi, který byl v té době uvězněn během vlády Heroda (Agrippa I), která byla velkou měrou poznamenána pronásledováním křesťanství. Ve Skutcích 12:5 najdeme: *„Petra tedy střežili ve vězení a církev se za něj stále modlila k Bohu."* Zatímco Petr spal spoután dvěma řetězy, církev se ve shodě za Petra modlila. Potom, co Bůh vyslyšel modlitbu církve, poslal anděla, aby Petra zachránil.

Noc předtím, kdy chtěl Herodes Petra předvést před soud, spal apoštol spoután dvěma řetězy a stráže před dveřmi hlídaly vězení (Skutky 12:6). Avšak Bůh projevil svou moc osvobozením Petra z řetězů a otevřením železné brány vězení, která se sama otevřela (Skutky 12:7-10). Po svém příjezdu do domu Marie, matky Jana, zvaného Marek, Petr shledal, že se zde shromáždilo mnoho lidí a modlili se za něj (Skutky 12:12). Takový zázračný skutek byl důsledkem moci modliteb církve ve shodě.

Všechno, co církev pro uvězněného Petra dělala, byly modlitby ve shodě. Podobně, když církev zaplavují potíže nebo když věřící zasáhne nemoc, tak namísto zaměstnávání se lidskými myšlenkami a cestami nebo starání se a úzkostí musí Boží děti nejprve věřit, že Bůh vyřeší všechny problémy, sejít se v jedné mysli a modlit se ve shodě.

Bůh má veliký zájem o modlitby církve ve shodě, líbí se mu modlitby ve shodě a odpovídá na takové modlitby svými zázračnými skutky. Dokážete si představit, jak se Bohu bude líbit vidět Boží děti, jak se modlí ve shodě za jeho království a spravedlnost?

Přitom jak jsou lidé naplněni Duchem svatým a modlí se za pomoci svého ducha, tak když se sejdou dohromady, aby se modlili ve shodě, budou zakoušet úžasné Boží skutky. Obdrží moc žít podle Božího slova, ponesou svědectví živého Boha způsobem, jakým to dělaly rané církve a apoštolové, budou šířit Boží království a dostanou cokoliv, oč poprosí.

Mějte prosím na mysli, že nám náš Bůh zaslíbil, že nám odpoví, když ho poprosíme a modlíme se ve shodě. Kéž každý z vás plně porozumí významu modlitby ve shodě a horlivě se setkává s těmi, kdo se modlí ve jménu Ježíše Krista, takže nejprve zakusíte velikou moc modlitby ve shodě, obdržíte moc modlitby a stanete se vzácným pracovníkem svědčícím o živém Bohu. Takto se modlím ve jménu našeho Pána Ježíše Krista!

Kapitola 7

Vždy se modli a nevzdávej se

Vypravoval jim podobenství, aby ukázal,
jak je třeba stále se modlit a neochabovat:

„V jednom městě byl soudce,
který se Boha nebál a z lidí si nic nedělal.
V tom městě byla i vdova,
která k němu ustavičně chodila a žádala:
Zastaň se mne proti mému odpůrci.
Ale on se k tomu dlouho neměl.
Potom si však řekl:
I když se Boha nebojím a z lidí si nic nedělám,
dopomohu jí k právu, poněvadž mi nedává pokoj.
Jinak mi sem stále bude chodit a nakonec mě umoří."

A Pán řekl: „Všimněte si, co praví ten nespravedlivý soudce!
Což teprve Bůh!
Nezjedná on právo svým vyvoleným,
kteří k němu dnem i nocí volají,
i když jim s pomocí prodlévá?
Ujišťuji vás, že se jich brzo zastane."

Lukáš 18:1-8

1. Podobenství o neodbytné vdově

Když Ježíš vyučoval zástupy Boží slovo, bez podobenství k nim nemluvil (Marek 4:33-34). "Podobenství o neodbytné vdově", na kterém je celá tato kapitola založena, nám osvětluje důležitost neodbytné modlitby, to jak se máme vždy modlit a jak to nemáme vzdávat.

Jak neodbytně se modlíte, abyste získali od Boha odpovědi? Děláte si přestávku od modlení nebo to vzdáváte, protože Bůh ještě neodpověděl na vaše modlitby?

V životě existuje bezpočet problémů a věcí k řešení, jak malého, tak velkého rozsahu. Když evangelizujeme lidi a říkáme jim o živém Bohu, někteří hledající začnou navštěvovat církev, aby vyřešili své problémy, jiní přicházejí pouze, aby našli útěchu ve svém srdci.

Bez ohledu na důvody, kvůli kterým lidé začali navštěvovat církev, se přitom jak uctívají Boha a přijmou Ježíše Krista, dozví, že jako Boží děti mohou získat cokoliv, oč poprosí a budou přeměněni v modlitebníky.

Tudíž se všechny Boží děti musí učit skrze jeho Slovo, jaká modlitba se Bohu líbí, modlit se v souladu s náležitostmi modlitby, získat víru, aby vytrvali a modlit se, dokud nezískají ovoce v podobě Božích odpovědí. To je důvod, proč jsou si lidé s vírou vědomi důležitosti modlitby a pravidelně se modlí. Nedopouštějí se hříchu v podobě ochabnutí v modlitbách, i když nedostanou odpověď hned. Místo toho, aby se vzdali, se modlí o to horlivěji.

Pouze s takovou vírou mohou lidé dostat od Boha odpovědi a vzdát mu slávu. Přesto, třebaže mnoho lidí prohlašuje, že věří, je obtížné najít lidi s tak velikou vírou, jako je tato. Proto náš Pán naříká a ptá se: *„Ale nalezne Syn člověka víru na zemi, až přijde?"* (Lukáš 18:8).

V jednom městě byl nemorální soudce, ke kterému bez ustání chodila vdova a žádala: „Zastaň se mne proti mému odpůrci." Tento zkorumpovaný soudce očekával úplatek, ale chudá vdova si nemohla dovolit byť jen malý důkaz ocenění, který by soudci dala. Vdova však k soudci ustavičně chodila a prosila ho a soudce vdovinu prosbu neustále odmítal. Jednoho dne pak změnil postoj svého srdce. Víte proč? Poslouchejte, co si tento nemorální soudce řekl:

> *„I když se Boha nebojím a z lidí si nic nedělám, dopomohu jí k právu, poněvadž mi nedává pokoj. Jinak mi sem stále bude chodit a nakonec mě umoří"* (Lukáš 18:4-5).

Protože se vdova nikdy nevzdala a neustále za ním chodila se svou prosbou, dokonce i tento špatný soudce nedokázal než podlehnout přání vdovy, která ho stále obtěžovala.

Na konci tohoto podobenství, kterým nám Ježíš dal klíč k získávání Božích odpovědí, to uzavřel slovy: *„Všimněte si, co* *praví ten nespravedlivý soudce! Což teprve Bůh! Nezjedná on právo svým vyvoleným, kteří k němu dnem i nocí volají, i když jim s pomocí prodlévá? Ujišťuji vás, že se jich brzo zastane"* (Verše 6-8).

Jestliže nemorální soudce vyslechl prosbu vdovy, proč by spravedlivý Bůh neodpovídal, když k němu jeho děti volají? Pokud přísahají, aby obdrželi odpověď na konkrétní problém, postí se, celou noc zůstanou vzhůru a zápasí v modlitbách, jak by jim Bůh nemohl rychle odpovědět? Jsem si jist, že mnoho z vás slyšelo o případech, kdy lidé obdrželi odpověď během období přísežných modliteb.

V Žalmu 50:15 nám Bůh říká: *„Až mě potom budeš v den soužení volat, já tě ubráním a ty mě budeš oslavovat."* Jinými slovy, Bůh má pro nás záměr, abychom ho v reakci na jeho odpověď na naši modlitbu oslavovali. Ježíš nám v Matoušovi 7:11 připomíná: *„Jestliže tedy vy, ač jste zlí, umíte svým dětem dávat dobré dary, tím spíše váš Otec v nebesích dá dobré těm, kdo ho prosí!"* Jak by mohl Bůh, který nám dal bez výhrad svého jediného Syna, aby za nás zemřel, neodpovědět na modlitby svých milovaných dětí? Bůh touží dát svým dětem, které ho milují, rychlou odpověď.

Tak proč tak hodně lidí říká, že nedostávají odpovědi, ačkoliv se modlí? Boží slovo nám to konkrétně říká v Matoušovi 7:7-8: *„Proste, a bude vám dáno; hledejte a naleznete; tlučte a bude vám otevřeno. Neboť každý, kdo prosí, dostává, a kdo hledá,* *nalézá, a kdo tluče, tomu bude otevřeno.“* To je důvod, proč je nemožné, aby naše modlitby zůstaly nezodpovězeny. Nicméně, Bůh nemůže odpovědět na naše modlitby kvůli hradbě, která nám stojí v cestě k němu, protože jsme se dostatečně nemodlili, nebo protože pro nás ještě nenastala správná doba, abychom získali jeho odpovědi.

Máme se modlit vždy bez toho, abychom se vzdali, protože když vytrváme a setrváme v modlitbách ve víře, Duch svatý strhne hradbu, která stojí mezi Bohem a námi a otevře cestu k Božím odpovědím skrze pokání. Když se zdá množství našich modliteb v Božích očích dostatečné, zajisté nám odpoví.

V Lukášovi 11:5-8 nás Ježíš znovu vyučuje o vytrvalosti a neodbytnosti:

> *Někdo z vás bude mít přítele, půjde k němu o půlnoci a řekne mu: „Příteli, půjč mi tři chleby, protože právě teď ke mně přišel přítel, který je na cestách, a já mu nemám co dát." On mu zevnitř odpoví: „Neobtěžuj mne! Dveře jsou již zavřeny a děti jsou se mnou na lůžku. Nebudu přece vstávat, abych ti to dal." Pravím vám, i když nevstane a nevyhoví mu, ač je jeho přítel, vstane a vyhoví mu pro jeho neodbytnost a dá mu vše, co potřebuje.*

Ježíš nás vyučuje o tom, že Bůh neodmítá, ale odpovídá na

neodbytnost svých dětí. Když se modlíme k Bohu, musíme se modlit statečně a s vytrvalostí. Tím nechci říci, že se máte pouze dožadovat, ale modlit se a prosit se smyslem pro spolehnutí se ve víře. Bible se často zmiňuje o mnoha praotcích víry, kteří takovými modlitbami obdrželi odpovědi.

Potom, co Jákob zápasil s andělem u řeky Jabok až do svítání, horlivě se modlil a učinil důrazný požadavek o požehnání: *„Nepustím tě, dokud mi nepožehnáš"* (Genesis 32:27) a Bůh dal souhlas k požehnání Jákobovi. Od tohoto okamžiku byl Jákob nazýván „Izrael" a stal se praotcem Izraelitů.

V 15. kapitole Matoušova evangelia předstoupila před Ježíše kananejská žena, jejíž dcera byla posedlá démonem a volala k němu: *„Smiluj se nade mnou, Synu Davidův! Má dcera je zle posedlá."* Ale Ježíš jí neodpověděl ani slovo (Matouš 15:22-23). Když k němu přistoupila podruhé, poklekla před ním a naléhavě ho prosila, Ježíš jednoduše řekl: *„Jsem poslán ke ztraceným ovcím z lidu izraelského,"* a odmítl ženinu prosbu (Matouš 15:25-26). Když žena dotírala na Ježíše ještě jednou: *„Ovšem, Pane, jenže i psi se živí z drobtů, které spadnou ze stolu jejich pánů",* tu jí Ježíš řekl: *„Ženo, tvá víra je veliká; staň se ti tak, jak chceš"* (Matouš 15:27-28).

Podobně musíme následovat stopy našich praotců víry v souladu s Božím slovem a vždy se modlit. A měli bychom se modlit s vírou, se smyslem pro spolehnutí se a s vroucím srdcem. Vírou v našeho Boha, který nám umožňuje sklízet v pravý čas, se musíme stát skutečnými následovníky Krista v našem modlitebním životě, aniž bychom se vzdali.

2. Proč se máme vždy modlit

Zrovna jako si člověk nedokáže udržet život, aniž by dýchal, Boží děti, které obdržely Ducha svatého, nemohou dospět k věčnému životu bez modlení. Modlitba je dialog s živým Bohem a dech našeho ducha. Pokud Boží děti, které obdržely Ducha svatého, nekomunikují s Bohem, uhasí oheň Ducha svatého a nebudou již moci kráčet po cestě života. Spíše sejdou na scestí na cestu smrti a nakonec nedosáhnou spasení.

Avšak protože modlitba zakládá komunikaci s Bohem, dospějeme ke spasení, zatímco slyšíme hlas Ducha svatého, dozvídáme se Boží vůli a žijeme podle ní. I když se nám do cesty postaví potíže, Bůh nám poskytne způsob, jak se jim vyhnout. Také bude působit ve všech věcech pro naše dobro. Díky modlitbě také zakusíme moc všemohoucího Boha, který nás posiluje, abychom se konfrontovali s nepřítelem ďáblem a překonali ho, čímž mu vzdáme slávu naší neochvějnou vírou, která může učinit z nemožného možné.

Tudíž nám Bible nařizuje, abychom se bez ustání modlili (1 Tesalonickým 5:17) a toto je *„Boží vůle"* (1 Tesalonickým 5:18). Ježíš pro nás nastavil správný příklad modlitby tím, že se ustavičně modlil podle Boží vůle bez ohledu na místo a čas. Modlil se na poušti, na hoře a na mnoha dalších místech a modlil se za svítání i v noci.

Tím, že se bez ustání modlili, žili naši praotcové víry podle Boží vůle. Prorok Samuel nám říká: *„Jsem dalek toho, abych proti Hospodinu hřešil a přestal se za vás modlit. I nadále vás budu vyučovat dobré a přímé cestě"* (1 Samuelova 12:23). Modlitba je Boží vůle a jeho nařízení. Samuel nám říká, že ochabnutí v modlitbách vytváří hřích.

Když se nemodlíme nebo si uděláme přestávku v našem modlitebním životě, proniknou do naší mysli světské myšlenky a zabrání nám žít podle Boží vůle. My pak začneme čelit obtížným problémům, protože jsme bez Boží ochrany. Tudíž když lidé upadnou do pokušení, reptají proti Bohu nebo sejdou ještě více z jeho cest.

Z tohoto důvodu nám 1 Petrův 5:8-9 připomíná: *„Buďte střízliví! Buďte bdělí! Váš protivník, ďábel, obchází jako 'lev řvoucí' a hledá, koho by pohltil. Vzepřete se mu, zakotveni ve víře, a pamatujte, že vaši bratří všude ve světě procházejí týmž utrpením jako vy"* a nabádá nás, abychom se vždy modlili. Modleme se nejenom, když máme problémy, ale vždy, abychom byli Božími požehnanými dětmi, jimž se každá věc v životě daří.

3. V pravý čas budeme sklízet úrodu

V Galatským 6:9 čteme: „*V konání dobra neumdlévejme; neochabneme-li, budeme sklízet v ustanovený čas.*" S modlitbou je to stejné. Když se vždy modlíme podle Boží vůle, aniž bychom to vzdali a nastane ten pravý čas, budeme sklízet úrodu.

Jestliže bude farmář brzy po zasetí semínek netrpělivý a vykope semínka ze země nebo pokud neuspěje v péči o výhonky, jaký smysl bude mít pokoušet se sklízet úrodu? Dokud neobdržíme odpovědi na naše modlitby, jsou nezbytné oddanost a vytrvalost.

Kromě toho, čas úrody se liší podle druhu zasazeného semene. Některá semínka nesou ovoce po několika měsících, zatímco jiným to může trvat roky. Zelenina a obilí se sklízí mnohem snadněji než jablka nebo takové vzácné byliny jako ženšen. U vzácnějších a dražších plodin je zapotřebí investovat více času a více se jim věnovat.

Musíte si uvědomit, že u větších a vážnějších problémů, za které se modlíte, je zapotřebí více modliteb. Když měl prorok Daniel vidění ohledně budoucnosti Izraele, truchlil po celé tři týdny a modlil se, Bůh vyslyšel jeho modlitby první den a poslal anděla, aby se ujistil, že to prorok pochopil (Daniel 10:12). Avšak, protože ochránce nadzemské moci bránil andělovi po jednadvacet dní, anděl mohl před Daniela předstoupit poslední den a až poté se to Daniel s jistotou dozvěděl (Daniel 10:13-14).

Co by se stalo, kdyby to Daniel vzdal a přestal se modlit? I když byl rozrušený a ztratil sílu potom, co měl vidění, Daniel vytrval v modlitbách a nakonec obdržel od Boha odpověď.

Když s vírou vytrváme a modlíme se, dokud nedostaneme od Boha odpověď, Bůh nám dává pomocníka a vede nás ke svým odpovědím. To je důvod, proč anděl, který přinesl Danielovi odpovědi od Boha, pověděl prorokovi: *„Avšak ochránce perského království stál proti mně po jednadvacet dní. Dokud mi nepřišel na pomoc Míkael, jeden z předních ochránců, zůstal jsem tam u perských králů. Přišel jsem, abych tě poučil o tom, co potká tvůj lid v posledních dnech, neboť vidění se týká těchto dnů"* (Daniel 10:13-14).

Za jaké problémy se modlíte vy? Jsou vaše modlitby takové, že dosáhnou až k Božímu trůnu? Aby pochopil vidění, které mu Bůh zjevil, rozhodl se Daniel pokořit, zatímco nejedl žádné chutné jídlo, nevzal do úst ani maso a víno, ani se nepotíral mastí až do uplynutí celých tří týdnů (Daniel 10:3). Jak se Daniel pokořoval po tři týdny v přísežných modlitbách, Bůh vyslyšel jeho modlitby a odpověděl mu první den.

Zde věnujte pozornost skutečnosti, že zatímco Bůh vyslyšel Danielovu modlitbu a odpověděl prorokovi první den, trvalo tři týdny, než se jeho odpověď dostala k Danielovi. Mnoho lidí se potom, co čelí vážnému problému, snaží modlit den nebo dva a rychle to vzdají. Takové praktiky svědčí o jejich malé víře.

Co potřebujeme v naší dnešní generaci nejvíce, je srdce, kterým věříme pouze v našeho Boha, který nám jistě odpoví, a vytrvat a modlit se bez ohledu na čas, kdy dorazí Boží odpověď. Jak můžeme očekávat, že obdržíme Boží odpověď bez vytrvalosti?

Bůh dává vydatný déšť, jarní i podzimní, v pravý čas, a stanovuje čas ke žni (Jeremjáš 5:24). Proto nám Ježíš řekl: *"Proto vám pravím: ,Věřte, že všecko, oč v modlitbě poprosíte, je vám dáno a budete to mít'"* (Marek 11:24). Protože Daniel věřil v Boha, který odpovídá na modlitby, vytrval a neudělal si přestávku v modlení, dokud nedostal Boží odpověď.

Bible nám říká: *"Věřit Bohu znamená spolehnout se na to, v co doufáme, a být si jist tím, co nevidíme"* (Židům 11:1). Jestliže někdo vzdá modlitby, protože ještě nedostal od Boha odpověď, nesmí si myslet, že má víru nebo že obdrží Boží odpovědi. Pokud má opravdovou víru, nebude prodlévat v současných okolnostech, ale namísto toho se bude ustavičně modlit, aniž by to vzdal. To proto, že věří, že mu Bůh, který nám umožňuje sklízet, co zasejeme a odplácí nám za to, co jsme vykonali, jistě odpoví.

Jak čteme v Efezským 5:7-8: *"Proto s nimi nemějte nic společného. I vy jste kdysi byli tmou, ale nyní vás Pán učinil světlem,"* kéž každý z vás získá opravdovou víru, vytrvá v modlitbách ke všemohoucímu Bohu, obdrží všechno, oč v modlitbě poprosí a vede život plný Božího požehnání. Takto se modlím ve jménu Pána Ježíše Krista!

O autorovi:
Dr. Jaerock Lee

Dr. Jaerock Lee se narodil v roce 1943 v Muanu, v provincii Jeonnam, v Korejské republice. Ve svých dvaceti letech trpěl Dr. Lee po dobu sedmi let rozmanitými nevyléčitelnými chorobami a očekával smrt bez jakékoliv naděje na uzdravení. Jednoho jarního dne v roce 1974 ho jeho sestra odvedla na církevní shromáždění, a když poklekl, aby se pomodlil, živý Bůh ho okamžitě uzdravil ze všech jeho nemocí.

Od chvíle, kdy se skrze tuto úžasnou zkušenost Dr. Lee setkal s živým Bohem, začal Boha upřímně milovat celým svým srdcem a v roce 1978 byl povolán k tomu, aby se stal Božím služebníkem. Vroucně se modlil a nesčetněkrát držel spolu s modlitbami půst, aby mohl jasně porozumět Boží vůli, cele ji vykonávat a být poslušný Božímu slovu. V roce 1982 založil v Soulu, v Jižní Koreji, církev Manmin Central Church, kde se koná nesčetné Boží dílo včetně nadpřirozených uzdravení, znamení a zázraků.

V roce 1986 byl Dr. Lee při výročním shromáždění církve Jesus' Sungkyul Church of Korea ustanoven pastorem a o čtyři roky později, v roce 1990, začala být jeho kázání vysílána prostřednictvím rozhlasových stanic the Far East Broadcasting Company, the Asia Broadcast Station a the Washington Christian Radio System v Austrálii, Rusku, na Filipínách a v mnoha dalších zemích.

O tři roky později, v roce 1993, byla církev Manmin Central Church vybrána časopisem *Christian World* (USA) mezi „50 nejpřednějších církví na světě" a Dr. Lee obdržel od fakulty Christian Faith College na Floridě čestný doktorát z teologie. V roce 1996 získal za svou službu od semináře Kingsway Theological Seminary v Iowě titul Ph. D.

Od roku 1993 převzal Dr. Lee vedení světové misie prostřednictvím mnoha zahraničních cest do amerických měst Los Angeles, Baltimoru a New Yorku, dále na Havaj, do Tanzánie, Argentiny, Ugandy, Japonska, Pákistánu, Keni, na Filipíny, do Hondurasu, Indie, Ruska, Německa, Peru, Demokratické republiky Kongo a do Izraele.

V roce 2002 byl většinou křesťanských novin v Koreji kvůli své mocné službě na rozmanitých zahraničních kampaních nazván „celosvětovým evangelistou." ‚Kampaň v New Yorku 2006', která se konala v Madison Square Garden, nejznámější hale na světě, se vysílala 220 národům a na ‚Sjednocené kampani v Izraeli 2009' pořádané v ICC (International Convention Center) v Jeruzalémě prohlašoval, že Ježíš Kristus je Mesiáš a Spasitel. Jeho kázání se vysílají přes satelit včetně GCN TV 176 národům a v žebříčku se podle populárního ruského křesťanského časopisu *In Victory* a nové zpravodajské agentury *Christian Telegraph* za svou mocnou službu v oblasti TV vysílání a za svou zahraniční církevní pastorační službu umístil jako jeden z 10 nejvlivnějších křesťanských vůdců roku 2009 a 2010.

K Září 2018 je církev Manmin Central Church kongregací s více než 130 000 členy. Má rovněž 11 000 poboček po celé zeměkouli včetně 56 domácích poboček a doposud vyslala více než 98 misionářů do 26 zemí včetně Spojených států, Ruska, Německa, Kanady, Japonska, Číny, Francie, Indie, Keni a mnoha dalších.

Ke dni vydání této knihy napsal Dr. Lee 112 knih včetně bestselerů *Ochutnání Věčného Života před Smrtí (Tasting Eternal Life before Death)*, *Můj Život, Má Víra I & II (My Life My Faith I & II)*, *Poselství Kříže (The Message of the Cross)*, *Měřítko Víry (The Measure of Faith)*, *Nebe I & II (Heaven I & II)*, *Peklo (Hell)* a *Boží Moc (The Power of God)*. Jeho díla byla přeložena do více než 76 jazyků.

Jeho křesťanské sloupky se objevují v *The Hankook Ilbo*, *The JoongAng Daily*, *The Dong-A Ilbo*, *The Seoul Shinmun*, *The Hankyoreh Sinmun*, *The Korea Economic Daily*, *The Shisa News*, a v *The Christian Press*.

Dr. Lee je v současné době vedoucím mnoha misionářských organizací a asociací včetně: předseda The United Holiness Church of Jesus Christ; stálý prezident The World Christianity Revival Mission Association; zakladatel & předseda výboru Global Christian Network (GCN); zakladatel & předseda výboru World Christian Doctors Network (WCDN); a zakladatel & předseda výboru Manmin International Seminary (MIS).

Další mocné knihy od stejného autora

Nebe I & II

Podrobný náčrt úžasného životního prostředí, z kterého se budou těšit nebeští občané a krásný popis různých úrovní nebeských království.

Poselství Kříže

Mocné poselství vyzývající k probuzení všechny lidi, kteří duchovně spí! V této knize najdete skutečnou Boží lásku a důvod, proč je Ježíš jediným Spasitelem.

Peklo

Vážné poselství celému lidstvu od Boha, který si přeje, aby ani jedna duše nepropadla do hloubek pekla! Objevíte nikdy předtím nezjevený popis kruté reality dolního podsvětí a pekla.

Duch, Duše a Tělo I & II

Průvodce, který nám umožní duchovní porozumění duchu, duši a tělu a pomůže nám objevit, jaký druh ‚já' jsme si vytvořili, abychom pak mohli získat moc porazit temnotu a stát se člověkem ducha.

Měřítko Víry

Jaký nebeský příbytek, koruna a odměna jsou pro vás připraveny v nebi? Tato kniha vám poskytne moudrost a vedení, abyste dokázali změřit svou víru, co nejlépe ji tříbit a dozrát v ní.

Probuď se, Izraeli!

Proč Bůh od počátku tohoto světa až do dnešního dne upírá své oči právě na Izrael? Jakou prozíravost v posledních dnech připravil pro Izrael, který stále očekává Mesiáše?

Můj Život, Má Víra I & II

Nejvoňavější duchovní vůně vytažená z života, který vykvetl z nepřekonatelné Boží lásky uprostřed temných vln, chladného jha a nejhlubšího zoufalství.

Boží Moc

Četba, která slouží jako nepostradatelný průvodce, díky němuž můžete získat opravdovou víru a zažít úžasnou Boží moc.

---

www.urimbooks.com

www.ingramcontent.com/pod-product-compliance
Lightning Source LLC
LaVergne TN
LVHW041613070526
838199LV00052B/3124